John Newton, famoso por escrever *Maravilhosa Graça*, disse certa vez que "somente aquele que criou o mundo pode fazer um ministro do evangelho". Realmente, ministério pastoral fiel é uma das necessidades mais urgentes da igreja. Brian Croft é um guia cuidadoso para um ministério fiel e bíblico, um praticante sério e teologicamente engajado, bem como uma fonte de sabedoria criteriosa sobre as questões do ministério.

Dr. Albert Mohler, presidente,
The Southern Baptist Theological Seminary

Brian Croft nos dá conselho sobre pastoreio bíblico, ilustrado pela sabedoria de ministros piedosos do passado, de uma forma bastante prática. Este livro expõe um sistema de oração em favor de todos os membros da igreja, sugestões sobre como ajudar viúvas, incentivo à sustentação fiel das doutrinas da Escritura Sagrada e mais — tudo isso em um único livro! Eu o recomendo entusiasticamente tanto a alunos de seminário como a pastores veteranos.

Dr. Joel R. Beeke, presidente,
Puritan Reformed Theological Seminary,
Grand Rapids, Michigan

Que livro proveitoso! Dez prioridades pastorais claras, e cada uma delas exposta de maneira bíblica e prática. Este livro é uma grande bênção para muitos pastores e, em especial, para muitas ovelhas. Gostaria que já estivesse em circulação quando eu comecei no ministério, vinte anos atrás.

> David Murray, professor de teologia prática,
> Puritan Reformed Theological Seminary,
> autor, *How Sermons Work*

O segredo para um ministério pastoral bem-sucedido não é o grande talento de um homem, mas, sim, como ele estabelece suas prioridades e as mantém, apesar de todas as pressões ao redor. E as melhores prioridades são aquelas que seguem demandas bíblicas, e não demandas pragmáticas. Neste livro, Brian Croft vai às Escrituras e identifica as prioridades dadas por Deus que proporcionarão a qualquer pastor lastro para mantê-lo estável no longo e estreito canal por muitos anos.

> Conrad Mbewe, pastor,
> Kabwata Baptist Church, Lusaka, Zâmbia

Recomendo imensamente o tom e a natureza prática de O *ministério do pastor* para administrarmos bem o ofício de pastor. Deus nos instruiu sobre como devemos viver e liderar como pastores; e faríamos bem se atentássemos à sabedoria de Brian Croft na implementação dessas verdades. Minha oração é que Deus use este livro para estimular e discipular uma nova geração de pastores piedosos.

Daniel Montgomery, pastor principal e fundador,
Sojourn Community Church, Louisville, Kentucky;
autor, *Faithmapping and Proof*

Com um coração de pastor, Brian Croft resume a obra do ministério pastoral, oferecendo conselho sábio tanto para o pastor aspirante como para o praticante. Poucos autores falam sobre as atividades diárias do ministério pastoral com conselho prático e claro. Porque ele mesmo é um pastor, Brian entende as mecânicas do ministério e oferece percepções úteis para mantermos um ministério saudável. Somente o conselho de Brian sobre programar oração vale o preço do livro.

Dr. Greg Cochran, professor associado
e diretor do programa de teologia aplicada,
California Baptist University

Meu amigo Brian Croft compartilha neste livro os princípios e as práticas de ministério pastoral que são frequentemente negligenciados e rapidamente esquecidos. Se precisamos de instrução ou de correção, de aprendizado ou de recordação, o dom de comunicação simples e clara de Brian sobre a realidade pastoral iluminará nossa mente, aquecerá nosso coração e fortalecerá nossas mãos.

Jeremy Walker, pastor auxiliar,
Maidenbower Baptist Church,
Crawley, Inglaterra; autor, *A Portrait of Paul*

Sempre que pastores me procuram com perguntas sobre o ministério pastoral, eu lhes indico os materiais de Brian Croft. Em vez de pesquisar cuidadosamente numa porção de informações proveitosas no website dele, o leitor pode ter em *O ministério do pastor* um recurso único. Croft oferece conselho pastoral espiritualmente rico, repleto de evangelho e prático ao pastor de congregações de qualquer tamanho. Este não será um livro que você guardará na prateleira, mas, sim, um livro ao qual você recorrerá durante seu ministério.

Robby Gallaty III, PhD, pastor principal,
Brainerd Baptist Church,
Chattanooga, Tennessee; autor, *Growing Up*

Brian Croft é um pastor sábio cujos escritos moldaram significativamente meu próprio entendimento do ministério pastoral. Ler *O ministério do pastor* foi encorajador, convincente, desafiante e revigorante. Na qualidade de presbítero, recomendo de coração este livro aos meus colegas pastores, quer estejam apenas começando no ministério do evangelho, quer já sejam pastores veteranos do rebanho de Deus. Recomendo-o a todo estudante que "aspira ao episcopado" (1Tm 3.1).

Dr. Nathan A. Finn, presbítero,
First Baptist Church of Durham, North Carolina;
professor associado de teologia histórica e estudos batistas, Southeastern Baptist Theological Seminary

O Ministério do
PASTOR

Prioridades bíblicas para pastores fiéis

FIEL
Editora

BRIAN CROFT

C941m Croft, Brian
　　　　　Ministério do pastor / Brian Corft ; [tradução: Francisco Wellington Ferreira]. – São José dos Campos, SP: Fiel, 2020.

　　　　　Inclui referências bibliográficas.
　　　　　ISBN 9786557230060 (brochura)
　　　　　　　　9786557230077 (epub)

　　　　　1. Teologia pastoral – Ensino bíblico. I. Título.

CDD: 253

Catalogação na publicação: Mariana C. de Melo Pedrosa – CRB07/6477

O MINISTÉRIO DO PASTOR:
Prioridades bíblicas
para pastores fiéis.

Traduzido do original em inglês
The Pastor's Ministry:
Biblical Priorities for Faithful Shepherds

Copyright © 2015 por Brian Croft

∎

Originalmente publicado
em inglês por
Zondervan,
3900 Sparks Dr. SE, Grand Rapids,
Michigan 49546

Copyright © 2019 Editora Fiel
Primeira edição em português: 2020
PROIBIDA A REPRODUÇÃO DESTE LIVRO POR QUAISQUER MEIOS SEM A PERMISSÃO ESCRITA DOS EDITORES, SALVO EM BREVES CITAÇÕES, COM INDICAÇÃO DA FONTE.

∎

Diretor: Tiago J. Santos Filho
Editor-chefe: Vinicius Musselman
Editor: Tiago J. Santos Filho
Coordenação Editorial: Gisele Lemes
Tradução: Francisco Wellington Ferreira
Revisão: Shirley Lima – Papiro Soluções Textuais
Diagramação: Rubner Durais
Capa: Rubner Durais
E-book: Rubner Durais
ISBN impresso: 978-65-5723-006-0
ISBN eBook: 978-65-5723-007-7

FIEL
Editora

Caixa Postal 1601
CEP: 12230-971
São José dos Campos, SP
PABX: (12) 3919-9999
www.editorafiel.com.br

*A Mark Dever e em memória de Jackson Boyett,
os dois homens que moldaram mais profundamente
meu entendimento sobre o ministério pastoral.
Tenho uma grande dívida com vocês dois.*

SUMÁRIO

Prefácio por H. B. Charles Jr.... 13
Introdução.. 17

Parte um: Fundamento

Capítulo 1:   Guarde a verdade................................... 29
Capítulo 2:   Pregue a Palavra.................................... 53
Capítulo 3:   Ore pelo rebanho................................. 75

Parte dois: Foco

Capítulo 4:   Seja um exemplo................................ 101
Capítulo 5:   Visite os enfermos 119
Capítulo 6:   Console os entristecidos 147
Capítulo 7:   Cuide das viúvas 165

Parte três: Fidelidade

Capítulo 8:   Confronte o pecado 193
Capítulo 9:   Encoraje as ovelhas mais fracas 211
Capítulo 10: Identifique e treine líderes 233

Conclusão.. 263
Agradecimentos... 269

PREFÁCIO

Você já ouviu a história do relutante soldado da guerra civil? Ele não conseguiu decidir em favor de que lado lutaria. Por isso, foi à batalha vestindo as calças azul-marinho do exército da União e a jaqueta cinza dos Confederados. É claro que, quando o rapaz confuso apareceu na batalha, tiros lhe foram dirigidos de ambas as direções.

Infelizmente, essa é a realidade que muitos de nós enfrentamos como pastores cristãos. Sofremos de crise de identidade. Sim, somos chamados pastores, mas o que isso realmente significa? Sem dúvida, a Palavra de Deus nos dá uma explicação clara da chamada e da obra de um pastor. E, na história da igreja, a função e as responsabilidades bíblicas de um pastor têm sido claras. Devemos ser pastores que guiam e alimentam nossos rebanhos, com vistas à maturidade espiritual e à frutificação em Cristo. Pastores cristãos devem levar a congregação a ser fiel em doutrina, santa em estilo de vida e unida em comunhão. Nosso alvo é produzir congregações cristocêntricas, fundamentadas na Escritura e norteadas pelo evangelho, nas quais a glória de Deus é exibida diante do mundo atento.

No entanto, muitos pastores contemporâneos perderam de vista o que Deus nos chama a ser e fazer. Somos soldados que não sabem de que lado estamos lutando.

Muitos pastores baseiam seu ministério em modelos de negócios. Esses modelos têm levado muitos pastores e igrejas a se concentrarem em agradar consumidores e atrair interessados. O alvo é "crescimento de igreja". Uma triste acusação é o fato de que, para muitos pastores, a expressão *crescimento de igreja* está associada a números, estatística e recursos, e não ao desenvolvimento espiritual dos santos que o Senhor colocou sob nosso cuidado espiritual.

Como resultado, muitos pastores contemporâneos gastam seu tempo de ministério tentando satisfazer as necessidades perceptíveis de seu membros. Alguns desses pastores comprometem seu ministério ao trocarem o equipamento padrão do ministério cristão por acessórios que atrairão mais pessoas. Isso é, inevitavelmente, frustrante, porque essas necessidades percebidas mudam com frequência, ao capricho da opinião, do interesse e da experiência humana.

É um ciclo vicioso porque, quanto mais nos concentramos nas necessidades perceptíveis de nossos membros, tanto mais eles esperarão o mesmo remédio para suas enfermidades mal diagnosticadas. E, se nos focarmos em exibir um show para atrair o mundo, cada vez mais as pessoas esperarão que as luzes sejam mais brilhantes, o palco seja maior e a produção, mais atraente. O pastor que não consegue acompanhar a exigência pode tornar-se vítima de esgotamento espiritual. E aquele que é bem-sucedido está em perigo espiritual ainda maior.

No entanto, há um caminho mais excelente. É o caminho de Deus — o ministério pastoral ensinado no Novo Testamento. É o ministério que mantém a coisa principal como principal. Trata-se de um chamado para ser um pastor, e não um fazendeiro; um supervisor, e não um gerente; um ministro do evangelho, e não uma celebridade. Envolve dedicação à oração e ao ministério da Palavra. É um foco comprometido com as tarefas de pregação da Palavra, guiar em adoração, visitar os enfermos, aconselhar os aflitos e confortar os enlutados. É viver uma vida exemplar. É... bem, é ser pastor.

Em *O ministério do pastor*, Brian Croft chama os pastores de volta ao básico. Brian tem um coração que ama o evangelho, a igreja e a glória de Deus. Além disso, ele ama os pastores. Eu me beneficiei de sua instrução a distância, por meio dos recursos disponíveis em seu blogue *Practical Shepherding* (Pastoreio prático) e dos livros que ele escreveu. Recomendo, sinceramente, esta explicação clara, bíblica e prática da obra do pastor a todo homem de Deus que deseja ouvir o Senhor dizer: "Muito bem, servo bom e fiel".

H. B. Charles Jr., pastor,
Shiloh Metropolitan Baptist Church,
Jacksonville, Flórida, outubro de 2014

INTRODUÇÃO

"Pastoreai o rebanho de Deus que há entre vós... Ora, logo que o Supremo Pastor se manifestar, recebereis a imarcescível coroa da glória."

1 Pedro 5.2, 4

Todos estão ocupados. Essa é a realidade de nossa cultura moderna. Há um trabalho que precisa ser feito, uma família a cuidar, uma casa e um carro a manter, amizades a nutrir, médicos a consultar. Há atividades de filhos a agendar e convidados a receber. E todos nós que somos cristãos devemos acrescentar à ocupação normal de nossa vida a frequência à igreja e, talvez, o serviço voluntário em um dos ministérios da igreja (ou em outra organização) uma vez por semana. A vida no século XXI parece uma interminável correria. Só diminuímos o ritmo quando uma crise ou uma doença nos obrigam a fazer uma pausa.

Aqueles que pastoreiam o povo de Deus experimentam muitas das mesmas influências, pressões, exigências e responsabilidades que outros cristãos experimentam. E, porque um pastor é chamado a se envolver na vida das pessoas de sua congregação, ele deve aprender a conciliar sua própria agenda com a agenda frenética dos membros de sua igreja. A vida agitada dos membros de igreja cria uma tensão adicional ao ministério, preparando muitos pastores para o fracasso, antes mesmo de começarem.

Muitos pastores caem em duas armadilhas neste ponto. Em alguns casos, um pastor reconhece imediatamente que não pode oferecer cuidado adequado à sua congregação e, por isso, não o oferece. Mesmo no pastoreio de uma congregação menor, não é possível fazer visita hospitalar depois de *cada* cirurgia, assistir a cada jogo de futebol, oficiar em todos os funerais, estar presente em toda reunião de comissão, aceitar todo convite para jantar, participar de cada dia de trabalho da igreja e atender a todo pedido de aconselhamento. Desanimados, alguns param definitivamente de tentar. Um pastor pode escolher direcionar sua atenção mais amplamente a administrar grandes atividades, gerenciar programas cheios de tarefas e supervisionar o funcionamento geral da igreja local, deixando para outros a "obra do ministério" — ou negligenciando-a totalmente.

Por outro lado, alguns pastores determinados reconhecem que não podem fazer tudo, mas, apesar disso, se comprometem a suportar o fardo. Colocam uma mão ambiciosa no arado e esperam que, com grande esforço, agradem pelo menos a *algumas* pessoas. Mas essa abordagem tem seus próprios riscos. Agora, o pastor é escravo das exigências e das necessidades de sua igreja. De maneira direta ou indireta, a congregação determina como ele gasta seu tempo. Seu ministério, sua fidelidade e sua frutificação se basearão em quão feliz sua congregação está com seus esforços, e, embora algumas pessoas estejam satisfeitas, sempre haverá pessoas que nunca estarão. Pessoas satisfeitas tornam-se seu meio de aferir a fidelidade, mas isso o deixará sentindo-se exausto e vazio.

O VERDADEIRO CHAMADO BÍBLICO DO PASTOR

Um pastor não é chamado para realizar programas para as multidões; também não é chamado para fazer tudo e tentar agradar a todos. Deus é aquele que chama pastores ao ministério, e os detalhes específicos desse chamado são definidos com clareza na Bíblia. A única maneira pela qual um pastor pode evitar essas armadilhas e permanecer firme durante toda a sua vida e seu ministério é saber *o que* Deus o chamou verdadeiramente para fazer... e fazê-lo! O apóstolo Pedro exorta os pastores/presbíteros a pastorear,[1] ou seja, a cuidar do povo de Deus:

---

1 O Novo Testamento usa os vocábulos *pastor, presbítero* e *bispo* de modo intercambiável para se referir a esse ofício de pastor.

> Pastoreai o rebanho de Deus que há entre vós, não por constrangimento, mas espontaneamente, como Deus quer; nem por sórdida ganância, mas de boa vontade; nem como dominadores dos que vos foram confiados, antes, tornando-vos modelos do rebanho. Ora, logo que o Supremo Pastor se manifestar, recebereis a imarcescível coroa da glória.

A exortação de Pedro dirigida aos pastores pode ser resumida numa única sentença: "Pastoreai o rebanho de Deus que vos foi confiado até que o Supremo Pastor apareça". E, caso você não tenha observado, Pedro é bastante claro sobre o quê, o quem, o como e o quando de um chamado pastoral bíblico.

- **O quê:** "Pastoreai o rebanho de Deus".
- **Quem:** O "rebanho que vos foi confiado".
- **Como:** "Não por constrangimento, mas espontaneamente, como Deus quer; nem por sórdida ganância, mas de boa vontade; nem como dominadores dos que vos foram confiados, antes, tornando-vos modelos do rebanho".
- **Quando:** Até "que o Supremo Pastor [Jesus Cristo]" se manifeste, retornando para seu rebanho entregue ao vosso cuidado.

O verdadeiro chamado de um pastor é pastorear humilde, espontânea e zelosamente as almas do povo de

Deus, fazendo tudo isso em nome do Supremo Pastor, Jesus Cristo. Isso não mudou desde o tempo em que Pedro escreveu até hoje. Embora nossa cultura tenha mudado e, hoje, a vida seja radicalmente diferente do que era no século I, as responsabilidades básicas do ministério pastoral não mudaram.

A Palavra de Deus é suficiente para delinear o chamado divino de um pastor e instruir a respeito de como ele deve estabelecer prioridades em sua agenda diária. A Palavra de Deus ressalta consistentemente as prioridades de pastores fiéis e afirma que essas prioridades giram em torno do chamado principal: "Pastoreai o rebanho de Deus". A Palavra de Deus tem o poder de lidar facilmente com as demandas, pressões e expectativas que oprimem o espírito de um pastor.

Minha esperança em relação aos pastores é que, ao estudarem e meditarem no chamado e nas prioridades do ministério pastoral, entendam melhor *o que* Deus está realmente pedindo e *em que* ele pretende que gastem seu tempo. O alvo deste livro é simples: revelar as prioridades que Deus estabelece para cada pastor. Deus revela essas prioridades nas Escrituras. Ele as estabelece na vida de Israel, fundamenta-as em seu plano de redenção e confirma-as nas instruções dadas por meio de Jesus e dos apóstolos. Este livro aborda dez prioridades cruciais que estão no âmago do ministério de todo pastor.

1. Guarde a verdade. Um pastor tem de ser comprometido com a Palavra de Deus e os ensinos dos apóstolos, e estar disposto a pregá-los, ensiná-los e defendê-los quando são contrários à cultura.

2. Pregue a Palavra. Um pastor tem de pregar fielmente todo o conselho da Palavra de Deus, explicar cuidadosamente o significado do texto e aplicá-lo à vida daqueles que estão sob seu cuidado.

3. Ore pelo rebanho. Um pastor deve ser um intercessor, colocando as necessidades de sua igreja diante de Deus e sendo um modelo de oração tanto em público como em privado.

4. Seja um exemplo. Um pastor é um exemplo para seu rebanho e deve sempre estar ciente de que outras pessoas estão observando-o como modelo. Embora um pastor deva ser um modelo de comportamento justo, também deve ser um modelo de confissão e arrependimento, reconhecendo que também é pecador e ensinando seu povo a aplicar o evangelho à vida.

5. Visite os enfermos. Os pastores devem visitar aqueles que se acham enfermos e necessitam de cuidado e encorajamento; e devem treinar outros da congregação a ajudá-lo no cuidado dos que estão em necessidade.

6. *Console os entristecidos.* Diante da morte, um pastor deve entristecer-se com os que se entristecem e lembrar sensivelmente aos enlutados a esperança e o encorajamento do evangelho. Isso envolve pregar mensagens com ênfase no evangelho em cultos fúnebres e sepultamentos.

7. *Cuide das viúvas.* Esse ensino bíblico muito negligenciado chama os pastores a serem responsáveis pelas viúvas da igreja e encontrarem maneiras criativas de ser modelos desse cuidado ao envolverem sua família e outros membros da igreja nos cuidados dessas mulheres especiais.

8. *Confronte o pecado.* Pastores precisam confrontar o pecado e liderar a igreja no exercício de disciplina, com a esperança de arrependimento e restauração.

9. *Encoraje as ovelhas mais fracas.* Embora possamos ser tentados a rejeitar facilmente pessoas que demoram a mudar, Deus chama os pastores a serem modelos de paciência e esperança perseverante, trabalhando com aqueles que são difíceis, causam desespero e se mostram problemáticos.

10. *Identifique e treine líderes.* A responsabilidade primária de pastores é identificar, treinar e confirmar

líderes na igreja. Todo pastor deveria ter um plano para fazer isso em sua igreja local e deveria estar buscando ativamente uma nova geração de líderes.

Cada uma dessas prioridades será alicerçada numa exposição da Palavra de Deus e ampliada, de maneira prática, no contexto da vida e do ministério. Precisamos ser biblicamente alicerçados nesses imperativos pastorais, antes que possamos desenvolver as ferramentas práticas para nos engajar nessas tarefas.

UMA ADVERTÊNCIA IMPORTANTE

Ao ver essas dez prioridades, você pode ficar curioso a respeito da ausência de outros aspectos importantes de um ministério pastoral, como evangelização e cuidado dos pobres. Paulo exortou Timóteo a fazer a obra de um evangelista (2Tm 4.5) e exortou as igrejas da Galácia a se lembrarem dos pobres (Gl 2.10). Sem dúvida, essas são responsabilidades importantes e necessárias à saúde de qualquer igreja local. São também áreas em que um pastor deve liderar, ser modelo e encorajar sua igreja. No entanto, neste livro destaco as prioridades do ministério de um *pastor*: as coisas que ele tem de fazer para cuidar do povo de Deus. Embora eu não tenha abordado diretamente esses ministérios importantes, espere encontrar alguma menção a eles nas dez prioridades. A evangelização é necessária quando pregamos a Palavra e guardamos a verdade. Cuidar dos pobres da igreja é inevitável quando um pastor visita os enfermos, cuida das viúvas e encoraja os fracos.

Por fim, desejo que todo pastor que está sentindo os fardos e as pressões do ministério, e que está lidando com as expectativas impossíveis de pastorear pessoas, experimente a liberdade da escravidão de suprir cada necessidade, distribuir tempo não disponível, tentar estar em dois lugares ao mesmo tempo e cumprir inúmeras tarefas não apreciadas e desconcertantes. Minha esperança é que o poder da Palavra de Deus exposta nestas páginas estimule cada pastor a ver o que Deus deseja para sua vida e ministério, e a discernir melhor o que ele pode fazer que agradará ao Supremo Pastor.

PARTE UM
FUNDAMENTO

CAPÍTULO 1
GUARDE A VERDADE

> "Mantém o padrão das sãs palavras que de mim ouviste com fé e com o amor que está em Cristo Jesus. Guarda o bom depósito, mediante o Espírito Santo que habita em nós."
>
> 2 Timóteo 1.13-14

Todo pai sente um instinto protetor para com seus filhos. E, às vezes, isso significa que temos de vencer nossos próprios medos para protegê-los.

Luto com um forte e saudável medo de cachorros grandes que têm aparência feroz. Às vezes, quando faço corrida pela vizinhança, levo comigo um bastão apenas para o caso de me encontrar com um deles enquanto corro. Vez ou outra, mudo meu percurso somente para evitar atrair o olhar de um cachorro desacorrentado.

Em uma tarde ensolarada, eu caminhava pela rua com minha família quando, de repente, um cão enorme e bravo saiu pela porta da frente de uma casa que, por descuido, ficara aberta. O cão se fixou em nossa família. Começou a correr a toda velocidade em direção à minha filha mais nova, que pedalava sua bicicleta. E, naquele momento, deixei de lado meus temores pessoais. Senti-me dominado por uma coisa: o intenso desejo de proteger minha filha, não importando o custo. Estava pronto para fazer o que fosse necessário para garantir que ela ficasse em segurança.

Felizmente, tudo acabou bem. Ninguém foi machucado. Além disso, não tive de ferir nenhum cachorro naquele dia! O dono apareceu na hora certa e assoviou para seu cachorro; e, duas horas depois, meu nível de adrenalina voltou ao normal.

Naquele momento, quando vi pela primeira vez o cachorro arremetendo contra minha filha, reagi instintivamente. Sem dúvida, houve um momento de temor, e vários pensamentos lampejaram em minha mente, mas, naquele instante, não fiquei ponderando as consequências. Sabia que só uma coisa importava: garantir que minha filha ficasse em segurança.

Qual é a relação disso com ser um pastor? Visto que sou um pastor que também cuida de outros pastores e os aconselha regularmente, sei que há muitas coisas que um pastor precisa fazer. Há sermões a pregar, membros enfermos a visitar, encargos de liderança e de administração a conduzir. Mas, apesar disso, Deus chamou os pastores a um papel único, um papel que eles desempenham não somente em benefício de sua igreja local, mas também do reino de Deus. Pastores são chamados a atuar como guardiões da verdade. E, como um pai que protege sua filha de um ataque, esse chamado exige ação sacrificial e corajosa. Um pastor tem de cuidar de seu povo, sim, mas isso significa guardá-lo e guardar a verdade por protegê-la de falsa doutrina. Significa ajudá-lo a entender e a crescer nas boas-novas da Palavra de Deus.

Por que essa é a primeira coisa que menciono? Porque, se perdermos de vista a verdade, nada nos restará para dar ao nosso povo.

Deus tornou sua verdade conhecida de seu povo no decorrer dos tempos e, em cada geração, ele tem chamado e capacitado alguns homens para atuar como protetores, servos e guardiões da verdade. Pastores atarefados que tentam ministrar a pessoas atarefadas, em nosso mundo moderno, devem aprender e abraçar essa prioridade bíblica; pois, do contrário, nada restará para dizerem e ninguém para ouvir. As doutrinas e crenças da igreja, alicerçadas nas Escrituras, são o sangue da igreja. Se falharmos em guardar a verdade, o bom depósito da Palavra de Deus, nada mais importará.

GUARDIÕES BÍBLICOS DA VERDADE

A Bíblia nos diz que Deus escolheu uma nação dentre todas as outras nações da terra para ser seu povo e lhe disse que seria seu Deus. A nação era Israel, um povo nascido de Abraão e de sua fé em Deus. Deus escolheu revelar a si mesmo e seus caminhos a seu povo por meio das palavras que lhes falou. A mesma voz com a qual Deus falou e criou o universo a partir do nada seria o meio pelo qual Deus comunicaria seu caráter perfeito, seus propósitos soberanos e seus caminhos redentores. Depois que Moisés libertou Israel da servidão no Egito, Deus os levou a um lugar no deserto e fez uma aliança com eles. Deus falou os termos da aliança para Moisés compartilhar com o povo; e o povo concordou com os termos de Deus (Êx 19). Deus falou sua lei ao seu povo, dando-lhe bênçãos por obediência e maldições por sua desobediência. E Moisés escreveu tudo isso. Essas palavras tornaram-se os termos do relacionamento deles, a lei que guiaria o futuro de Israel. Mesmo quando o povo desobedeceu, Deus continuou a revelar a si mesmo e sua palavra a seu povo, preservando sua palavra no decorrer das gerações.

Nos tempos dos reis, muitos governantes de Israel fizeram grande mal aos olhos do Senhor, mas Deus ainda estava movendo o coração de seu povo, revelando a si mesmo, suas promessas e seu plano. Ele movia os corações de alguns em Israel a se deleitarem na lei do Senhor e a meditarem em sua lei de dia e de noite (Sl 1.2). Em cada geração, Deus revelou que havia um pequeno remanescente de seu povo, que continuava a amar sua lei, deleitar-se em seus preceitos e andar em seus caminhos (Sl 119). Os profetas levaram avante a tocha, guardando a lei ao falarem a verdade sobre o que Deus havia revelado. Embora enfrentassem regularmente escárnio, sofrimento e, às vezes, morte, eles se apegaram firmemente à lei revelada a Moisés e às promessas da nova aliança que estava por vir (Ez 36.26-27), sua esperança em um redentor futuro (Is 59.20).

O fim melancólico do Antigo Testamento mostra o povo de Deus vivendo em exílio, em sofrimento e disperso. A lei de Deus — suas palavras preciosas para seu povo — havia sido perdida ou esquecida. O templo fora destruído. Os reis não mais existiam; a nação estava assolada. Mas ainda há uma nota de esperança. A lei, antes perdida e esquecida, é redescoberta. Essa descoberta traz esperança renovada a um remanescente do povo de Deus que retorna do exílio. Uma das mais poderosas cenas do Antigo Testamento se encontra no livro de Neemias, quando Esdras, o sacerdote, se levanta para ler o Livro da Lei, um livro que, de algum modo, sobrevivera à destruição:

> Em chegando o sétimo mês, e estando os filhos de Israel nas suas cidades, todo o povo se ajuntou como um só homem, na praça, diante da Porta das Águas; e disseram a Esdras, o escriba, que trouxesse o Livro da Lei de Moisés, que o Senhor tinha prescrito

a Israel. Esdras, o sacerdote, trouxe a Lei perante a congregação, tanto de homens como de mulheres e de todos os que eram capazes de entender o que ouviam. Era o primeiro dia do sétimo mês. E leu no livro, diante da praça, que está fronteira à Porta das Águas, desde a alva até ao meio-dia, perante homens e mulheres e os que podiam entender; e todo o povo tinha os ouvidos atentos ao Livro da Lei. Esdras, o escriba, estava num púlpito de madeira, que fizeram para aquele fim; estavam em pé junto a ele, à sua direita, Matitias, Sema, Anaías, Urias, Hilquias e Maaseias; e à sua esquerda, Pedaías, Misael, Malquias, Hasum, Hasbadana, Zacarias e Mesulão. Esdras abriu o livro à vista de todo o povo, porque estava acima dele; abrindo-o ele, todo o povo se pôs em pé. Esdras bendisse ao SENHOR, o grande Deus; e todo o povo respondeu: Amém! Amém! E, levantando as mãos; inclinaram-se e adoraram o SENHOR, com o rosto em terra. E Jesua, Bani, Serebias, Jamim, Acube, Sabetai, Hodias, Maaseias, Quelita, Azarias, Jozabade, Hanã, Pelaías e os levitas ensinavam o povo na Lei; e o povo estava no seu lugar. Leram no livro, na Lei de Deus, claramente, dando explicações, de maneira que entendessem o que se lia.

Neemias, que era o governador, e Esdras, sacerdote e escriba, e os levitas que ensinavam todo o povo lhe disseram: Este dia é consagrado ao

Senhor, vosso Deus, pelo que não pranteeis, nem choreis. Porque todo o povo chorava, ouvindo as palavras da Lei. Disse-lhes mais: ide, comei carnes gordas, tomai bebidas doces e enviai porções aos que não têm nada preparado para si; porque este dia é consagrado ao nosso Senhor; portanto, não vos entristeçais, porque a alegria do Senhor é a vossa força. Os levitas fizeram calar todo o povo, dizendo: Calai-vos, porque este dia é santo; e não estejais contristados. Então, todo o povo se foi a comer, a beber, a enviar porções e a regozijar-se grandemente, porque tinham entendido as palavras que lhes foram explicadas.

Neemias 8.1-12

Israel retornara de anos de cativeiro e exílio a uma cidade e um templo destruídos. Em muitos anos, ninguém ouvira a lei de Deus registrada por Moisés. Mas Deus preservou para seu povo sua Palavra, suas promessas pactuais e seu caráter revelado por meio de alguns poucos reis, profetas e escribas fiéis, ao longo das gerações. Ele fez isso para que, quando o Messias prometido viesse, seu povo o conhecesse e o reconhecesse.

O MESSIAS, JESUS

Infelizmente, quando o Messias, por fim, veio, como os profetas haviam predito, seu povo *não* o reconheceu.

De fato, dureza de coração e ouvidos surdos levaram-nos a não entender quem era o Messias e quais eram seus propósitos de libertação. Esperavam um rei-guerreiro que destruiria os invasores romanos, e não um mestre espiritual que seria crucificado numa cruz. Jesus foi um exemplo vivo do que significa guardar e incorporar a verdade de Deus. Jesus cumpriu tudo que os profetas haviam falado e foi o sacrifício perfeito que salvou seu povo dos pecados deles (Mt 1.21). Ele era mais do que um servo da verdade; ele *era* a própria verdade (Jo 14.6). Era a Palavra encarnada, que veio habitar entre nós (Jo 1.14).

Jesus veio para afirmar a lei e tudo que os profetas haviam dito. Veio para cumprir a Palavra de Deus. Aprendemos isso das próprias palavras de Jesus no Sermão do Monte (Mt 5–7). Jesus referiu-se à importância e ao papel da lei agora no reino de Deus.[2] Ele veio para iniciar o reino de Deus (Mc 1.15) por meio de sua vida, morte e ressurreição. Depois de sua ressurreição, em uma conversa com dois discípulos tristes na estrada para Emaús, Jesus explicou seu papel singular no plano redentor de Deus: "Ó néscios e tardos de coração para crer tudo o que os profetas disseram! Porventura, não

---

2 As três posições mais comuns na interpretação do Sermão do Monte são as seguintes: (1) Jesus está apenas expondo a verdadeira intenção da lei; (2) Jesus está radicalizando o significado da lei; (3) Jesus está criando uma lei inteiramente nova. Todas as três posições afirmam o cumprimento da lei de Moisés por Jesus e a verdade de que ele recebeu do Pai autoridade para definir o propósito da lei.

convinha que o Cristo padecesse e entrasse na sua glória? E, começando por Moisés, discorrendo por todos os Profetas, expunha-lhes o que a seu respeito constava em todas as Escrituras" (Lc 24.25-27).

Em meio à confusão e à tristeza dos discípulos, Jesus fala com eles e lhes revela ser aquele cujas pessoa e obra cumprem a verdade proclamada por Moisés e pelos profetas em tempos passados. Como o Salvador ressuscitado, agora Jesus tem toda a autoridade no céu e na terra (Mt 28.18) para declarar a verdade sobre Deus, suas promessas pactuais e seu plano de redenção.

GUARDIÕES DO EVANGELHO

Pouco tempo depois, Jesus ascendeu ao céu, para seu Pai, mas deixou os apóstolos com a capacitação do Espírito Santo e os instituiu como únicos despenseiros da verdade do evangelho. Jesus lhes ordenou que fossem suas testemunhas na terra (At 1.8). Nessa função, os apóstolos dedicavam seu tempo e energia "à oração e ao ministério da palavra" (At 6.4). O livro de Atos contém a história de como a igreja primitiva foi edificada, registrando o ministério fiel dos apóstolos em fazer as coisas que Jesus lhes ordenara. Vemos como o Espírito Santo operou poderosamente em e por meio deles. E somos apresentados ao apóstolo Paulo, um inimigo da igreja convertido, que teve um papel importante em levantar e formar uma nova geração de líderes para guardar a verdade do evangelho.

Em suas cartas a Timóteo e Tito, Paulo oferece um resumo desse chamado. Ele escreve para Timóteo: "Guarda o bom depósito, mediante o Espírito Santo que habita em nós" (2Tm 1.14). Ele instrui Timóteo a guardar as sãs palavras, as doutrinas que Paulo lhe ensinara, e a transmiti-las a pessoas confiáveis (2Tm 2.2). Um aspecto fundamental de guardar a verdade é essa ideia de preservação. Paulo diz a Timóteo que uma das razões pelas quais sua instrução é necessária é o triste fato de que seus amigos mais íntimos e parceiros de ministério o haviam abandonado: "Estás ciente de que todos os da Ásia me abandonaram; dentre eles cito Fígelo e Hermógenes" (2Tm 1.15). Paulo estava constantemente enfrentando oponentes do evangelho, homens e mulheres que desejavam distorcer a mensagem. Perto do fim de sua vida, Paulo entende que é necessário passar o "depósito" do evangelho à geração seguinte. Ele escreve para Timóteo, sabendo que muitos dos mesmos inimigos do evangelho também confrontarão Timóteo.

Esse mesmo mandamento — guardar o evangelho — é visto também na carta de Paulo dirigida ao jovem pastor Tito. Paulo escreve a Tito e lhe diz que estabeleça em Creta líderes piedosos e biblicamente qualificados (Tt 1.5), pela mesma razão pela qual escrevera para Timóteo. Paulo ordena a Tito que estabeleça em cada cidade pastores (presbíteros) que sejam apegados "à palavra fiel, que é segundo a doutrina", para que encorajem outros com o ensino e refutem "os que o contradizem" (Tt 1.9). Paulo explica a Tito que esses são homens que distorcerão a mensagem fiel do evangelho e se oporão a essa mensagem (Tt 1.10-16).

Desses exemplos, aprendemos que os guardiões do evangelho de Jesus Cristo têm um propósito duplo: *apegar-se firmemente* à Palavra fiel e *refutar* aqueles que desejam contradizê-la. Os pastores são os guardiões designados da verdade de Deus e, acima de tudo, devem apegar-se a ela, refutando com ousadia aqueles que se opõem à verdade e passando-a à geração seguinte de guardiões designados.

Jesus veio como o cumprimento da lei e das palavras dos profetas. Ele falou sua palavra aos apóstolos, que escreveram essa palavra e a transmitiram a outros, homens como Timóteo e Tito. E deram um encargo especial associado a essa palavra: guardar a verdade do evangelho. O ensino dos apóstolos foi transmitido de geração a geração, nos dois mil anos passados, e chegou até nós agora por ter sido confiado a subpastores fiéis em cada geração. E isso nos traz a você hoje. Como pastor e líder na igreja, você pertence a uma extensa linhagem de guardiões, encarregados de guardar o depósito, independentemente do custo, e, depois, confiá-lo à geração seguinte. Esse é seu chamado, uma das prioridades de seu ministério como pastor. Mas, no aspecto prático, como você faz isso?

GUARDANDO A VERDADE NO MINISTÉRIO

O evangelho são as boas-novas de Jesus. São as boas-novas *sobre* Jesus, a história do que Deus fez desde o começo até o fim, para criar, salvar e abençoar um povo que lhe pertence. É a verdade de que Deus criou tudo bom e perfeito e que, por meio de Adão e Eva, o pecado entrou no mundo. O pecado humano afeta tudo agora, inclusive aqueles que são feitos à imagem de Deus. Nós, seres humanos, nascemos neste mundo como pecadores, separados de Deus, sem qualquer esperança de salvarmos a nós mesmos, sem qualquer esperança de sermos reconciliados com Deus por meio de nossos próprios esforços. O evangelho é a boa notícia de que Deus, em sua misericórdia, não nos deixa em nossa condição miserável, mas envia seu único Filho, Jesus, para nos resgatar, nos redimir e nos restaurar ao relacionamento com Deus. Jesus veio ao mundo, viveu uma vida perfeita e sofreu uma morte expiatória na cruz em favor de pecadores, suportando, assim, a ira de Deus em nosso lugar. Três dias depois, Jesus ressurgiu do sepulcro, vencendo a morte, e agora está sentado à direita do Pai, governando sobre as nações e aguardando retornar para sua noiva, a igreja. Todo aquele que se converte de seus pecados, crê e confia somente em Jesus Cristo pela fé é resgatado da ira por vir, perdoado de todos os seus peados, vestido com a justiça de Jesus e adotado como um filho do Deus vivo. Tudo isso é um dom da graça de Deus. Essa é a verdade do evangelho. E, por quase dois mil anos, essa mensagem tem sido confiada àqueles que seguem a Cristo, especialmente aos pastores.

Pastores fazem mais do que falar a mensagem do evangelho. Eles guardam *as verdades essenciais* do evangelho. Escrevendo para seus jovens discípulos, Timóteo e Tito, Paulo está ciente da presença ameaçadora de falsos mestres, aqueles que distorcem e pervertem a verdade do evangelho. À semelhança de Timóteo e Tito, devemos estar certos de que uma parte de nossa responsabilidade em guardar a verdade do evangelho é assegurar-nos de que a entendemos e de que declaramos certos aspectos cruciais da mensagem. Precisamos falar sobre a impecabilidade de Jesus, as naturezas plenamente humana e plenamente divina de Jesus, a expiação vicária de sua morte, a imputação de justiça e a realidade de perdão para seus seguidores, a ressurreição física de Jesus e seu governo à direita de Deus.

Sabemos que sempre haverá pessoas que falarão contra a verdade do evangelho, pessoas que tentarão distorcê-la de alguma maneira. Por isso, nossa defesa contra essas distorções é responsabilidade primária do ministério pastoral. Mas, além de guardar a verdade contra esses falsos ensinos, um pastor que serve numa igreja evangélica típica enfrenta hoje dois perigos adicionais e mais sutis.

Em primeiro lugar, motivado pelo desejo de manter as coisas simples e, às vezes, por um apelo retórico, um pastor pode omitir vários elementos importantes e essenciais do evangelho. Simplicidade é uma boa virtude, mas não podemos sacrificar a verdade no altar da simplicidade e da clareza. Portanto, se algo é difícil de entender ou exige uma explicação mais complexa, devemos usar o tempo a esse ensinamento e a essa explicação. Não evite os ensinos mais difíceis da Escritura num esforço para manter as coisas simples.

Em segundo lugar, o evangelho pode ser *presumido* por indivíduos que têm sido cristãos por muito tempo. Eles podem presumir que todos já conhecem o evangelho (o que não é verdade). Podem pensar que, se alguém ouviu, entendeu ou respondeu ao evangelho, não há mais necessidade de falar sobre o evangelho. Certa vez, ouvi um pastor falar sobre o perigo de presumir o evangelho. Ele disse isto: "Uma geração que presume esses elementos essenciais sobre o evangelho perde o evangelho na geração seguinte".[3] Então, como protegemos as pessoas de presumir o evangelho? Como as estimulamos a valorizar a beleza do evangelho? Os pastores guardam a verdade do evangelho ao proclamarem-no *regularmente* entre o povo de Deus e *aplicarem*-no à vida

---

3   Ouvi isto pela primeira vez de meu amigo e orientador Mark Dever. É a paráfrase de uma citação de uma mensagem pregada por D. A. Carson: "Uma geração crê no evangelho. A geração seguinte presume o evangelho. A geração seguinte nega o evangelho".

por meio da pregação semanal da Palavra de Deus. Não presuma o evangelho; pregue-o regularmente. Protegemos a verdade do evangelho quando falamos a seu respeito, quando o transmitimos a outros e mostramos como a verdade do evangelho continua a se aplicar aos interesses diários da vida. Quando não fazemos isso, não guardamos o evangelho. O poder do evangelho em nossa igreja e em nossa vida será enfraquecido.

Defenda a autoridade de toda a Escritura

O evangelho são as boas notícias sobre Jesus e revela como o plano redentor de Deus em toda a história culmina na vinda de Jesus. E, por mais essencial que seja guardarmos a mensagem do evangelho, isso não significa que devemos negligenciar os outros ensinos da Escritura que se relacionam com o evangelho e dele resultam. Precisamos sustentar as sãs palavras do ensino dos apóstolos; e isso significa ensinar toda a Escritura, aquilo que conhecemos como o Antigo e o Novo Testamento. Paulo escreveu: "Toda a Escritura é inspirada por Deus" e acrescentou que ela é "útil para o ensino, para a repreensão, para a correção, para a educação na justiça" (2Tm 3.16). Em sua carta dirigida à igreja em Corinto, Paulo se referiu às Escrituras hebraicas (nosso Antigo Testamento), notando que as atitudes de desobediência de Israel "foram escritas para advertência nossa" (1Co 10.11). Guardar a verdade significa reconhecer que precisamos oferecer instrução tanto do Antigo como do Novo Testamento. *Todo* o conselho de Deus é a Palavra de Deus autoritária, inerrante e infalível. Permita-me oferecer três sugestões a respeito de como um pastor pode fazer isso.

Em primeiro lugar, ao planejar sua pregação, estabeleça como seu alvo pregar livros inteiros da Bíblia. Embora haja lugar para pregação tópica, um dos problemas nesse tipo de pregação é que ela permite a um pastor evitar os textos difíceis. A pregação tópica permite a um pastor escolher os textos aos quais pretende referir-se quando aborda um assunto específico e, assim, evitar passagens controversas ou desafiadoras. Mas, se você está comprometido com a pregação de livros inteiros da Bíblia, e se seu povo sabe que esse é seu compromisso, você não pode evitar passagens difíceis. Pregar livros inteiros provê uma dieta equilibrada de exposição bíblica para sua igreja e, ao mesmo tempo, defende a autoridade e o valor de toda a Bíblia.

Em segundo lugar, em harmonia com o propósito da sugestão anterior, tente pregar e ensinar um equilíbrio de Antigo *e* Novo Testamento em sua igreja. Se a maioria dos sermões de um pastor procede do Novo Testamento, ano após ano, ele comunica à sua igreja a mensagem de que o Antigo Testamento não é tão importante quanto o Novo Testamento; e os membros da igreja não valorizarão o Antigo Testamento como útil para o ensino e para a educação na justiça. A necessidade de equilíbrio pode ser estendida ainda mais, garantindo que um equilíbrio de gêneros e seções também seja pregado. Por exemplo, se a maioria dos sermões de um pastor é extraída das epístolas de Paulo e raramente dos evangelhos, uma congregação pode concluir que as palavras de Paulo são mais importantes que as de Jesus. Um provimento constante e equilibrado de Antigo e Novo Testamento e dos vários gêneros neles contidos é indispensável.

Uma das maneiras pelas quais temos procurado atingir esse equilíbrio em nossa igreja é pregar os diferentes Testamentos nos cultos da manhã e da noite. Às vezes, até procuramos selecionar para a noite uma passagem do outro Testamento que, de algum modo, se relacione com a da manhã. Também procuramos variar os gêneros entre os dois Testamentos. Ainda que, eventualmente, esse equilíbrio não se manifeste, o alvo é manter toda a Bíblia diante de nosso povo, a fim de que entendam que *toda* a Bíblia é útil para o ensino, a correção e a educação.

Em terceiro lugar, se você não está alternando sua pregação entre o Antigo e o Novo Testamento, tente pelo menos incluir uma leitura de ambos os Testamentos em toda reunião de adoração. Essa tem sido, historicamente, a prática da igreja. E essa abordagem equilibrada permite àquele que planeja o culto mostrar como toda a Bíblia se harmoniza como um único livro, uma única história de redenção. Esses esforços simples, bem realizados no decorrer do tempo, treinarão, de forma eficaz, nosso povo a entender sua Bíblia e apreciá-la por inteiro como um presente de Deus. Ao fazerem isso, os pastores educam seu povo em como guardar a verdade.

Finalmente, aplique esse princípio aos estudos bíblicos, aos pequenos grupos, às classes de Escola Dominical e a outras reuniões de grupos em que a Palavra de Deus é ensinada por outros. Por exemplo, considere fazer ajustes se você acha que a maioria de seus pequenos grupos se prende naturalmente às epístolas de Paulo. Ou ofereça alguns estudos de livros bíblicos nas classes de Escola Dominical, se você tende a se inclinar a questões temáticas. Avalie seus padrões nos ministérios de crianças e de jovens, bem como a instrução bíblica oferecida nesses ministérios. Defender a autoridade de toda a Escritura começa no púlpito, mas se enraíza na igreja quando um pastor lidera essa avaliação de todos os ministérios da igreja.

Busque conscientização cultural

Cada geração de pastores cristãos tem a necessidade de aplicar o evangelho ao seu próprio contexto e cultura. Por isso, é essencial que um pastor entenda a cultura para a qual ele é chamado a ministrar, se quiser ser eficaz em comunicar a verdade. Tecnologia moderna, mídia social e o aumento da secularização tornaram isso mais essencial hoje. Um dos mais respeitados comentadores cristãos da cultura em nossos dias, o Dr. Albert Mohler, disse certa vez a um grupo de pastores: "Estamos vendo em uma única geração o colapso do cristianismo cultural... e está vindo em uma nova velocidade e uma nova intensidade. O que está sendo agora ditado como moralmente correto não era nem moralmente mencionável uma geração atrás... Em pouco tempo, descobriremos o que significa estar no lado de baixo da sociedade, e não no lado de cima".[4]

A advertência de Mohler salienta nossa necessidade de, como guardiões da verdade, conhecer bem nossa cultura. Isso envolve engajar-nos em oportunidades para crescer em nossa conscientização cultural. Os pastores precisam estudar, mas devem estudar e ler *amplamente*. Devem tentar manter-se bem informados acerca dos eventos correntes e das últimas notícias culturais. Precisam ter conhecimento do que está acontecendo em nossas instituições acadêmicas, estar informados de eleições políticas vindouras e cientes das controvérsias morais de nossos dias. Obviamente, eles não podem ser peritos em tudo. Mas precisam ter um conhecimento básico do mundo em que vivem, para que possam responder com sabedoria. Os pastores devem

---

[4] Karen Willoughby, "Mohler's Utah Visit a 'Boost' to Pastors", *Baptist Press* online. Disponível em: www.bpnews.net/ 42331/mohlers-utah-visit-a-boost-to-pastors. Acesso em 21 ago. 2014.

ser bem informados para que saibam *como* guardar a verdade e para que possam discipular, de modo eficaz, seu rebanho para guardar a verdade. Apologética não é simplesmente saber como compartilhar o evangelho; exige algum conhecimento das heresias modernas e das barreiras culturais ao evangelho. Um pastor que entende a cultura está mais bem preparado para guardar a verdade e ensinar outros a fazerem o mesmo.

Supervisione o rebanho

Além de prover instrução bíblica pública como um meio de guardar a doutrina, pastores e líderes de igreja devem guardar a verdade ao exercerem disciplina ao mesmo tempo que exortam as pessoas à verdadeira prática de sua fé. Pedro exorta os pastores a supervisionarem o rebanho como uma função do pastorado (1Pe 5.2). E isso significa que um pastor deve responsabilizar-se pelo ensino e a pregação da Palavra de Deus, servindo como o padrão para a prática da igreja em suas atividades diárias. Embora seja frequentemente desconectada do chamado para pastorear, essa tarefa é um componente crucial do guardar a verdade. Ainda que parte dessa responsabilidade seja delegada a outros líderes de igreja (diáconos e outros líderes), aqueles que são pastores têm de manter supervisão sobre toda a igreja.

Pastores supervisionam o rebanho quando ministram. Isso inclui cuidar de almas, capacitar líderes, disciplinar membros, alcançar os perdidos por meio de esforços evangelísticos e ser os administradores dos recursos da igreja. Em igrejas muito grandes, um pastor não pode reunir-se individual e regularmente com os membros da igreja, mas pode designar outros cristãos maduros para se reunirem com outros dois ou três membros e relatar aos pastores como estão indo essas reuniões. Em situações tais, o pastor ainda está supervisionando o rebanho, embora não se reúna diretamente com todos da igreja.

A supervisão pastoral também é necessária nos aspectos administrativos, financeiros, logísticos e organizacionais da vida da igreja. Há serviços a planejar toda semana. Há finanças a administrar, prédios a manter, empregados a supervisionar e outros líderes a despertar e treinar. Muitos pastores evitam essas responsabilidades ou não querem nenhuma relação com esse lado da vida da igreja. Outros pastores dedicam tempo demais a essas áreas, negligenciando a pregação da Palavra. É fácil as tarefas administrativas consumirem grande quantidade do tempo de um pastor toda semana. Exercer supervisão significa encontrar o equilíbrio correto entre delegar sabiamente responsabilidades a outros servos fiéis e, ao mesmo tempo, saber e estar em contato com o que acontece na igreja. Em nossa igreja, não tenho nenhum envolvimento na contagem das ofertas no domingo, nem sou informado do que cada membro dá. Mas, todo mês, quando compartilhamos os detalhes financeiros com a igreja, revejo nosso demonstrativo financeiro mensal e tomo ciência de nossos números financeiros e de como o dinheiro foi gasto naquele mês. Recebo informação suficiente para fazer perguntas e entendo a condição financeira geral de nossa igreja, porém boa parte da obra cotidiana da igreja nessa área é realizada por outras pessoas. Isso permite que eu me envolva em tomada de decisões financeiras inesperadas e incomuns, quando isso se faz necessário, e me deixa livre para outras responsabilidades.

Supervisionar o rebanho significa que devemos ter *mentalidade bíblica* em nosso chamado e *mentalidade prática* em como usamos os princípios bíblicos na administração da igreja. Os pastores devem ser organizados de maneira sábia, criativa e eficiente, para que tenham conhecimento funcional de cada área da igreja sem ficarem detidos nas atividades cotidianas da igreja. Como pastor, você deve guardar a verdade, não somente cuidando de sua vida e sua doutrina, mas também agindo com sabedoria na supervisão de todos os aspectos da vida da igreja.

CONCLUSÃO

Um amigo íntimo tornou-se pastor em uma pequena e difícil congregação histórica na região sudeste dos Estados Unidos. Embora estivesse passando por lutas, a igreja tinha um legado rico. Décadas antes, fora uma igreja local vibrante e uma luz evangélica em sua comunidade. Esse pastor aceitou o chamado, sabendo do rico legado bíblico, mas estava ciente das décadas de mau funcionamento, embora desconhecesse as causas exatas. Após iniciar seu ministério, pesquisou a história da igreja e chegou à conclusão de que os conflitos internos, as lutas financeiras e os ensinos heréticos tinham uma única fonte: uma sucessão de pastores infiéis. Durante várias décadas, a igreja teve uma sucessão de pastores com padrões de fracasso moral, liderança de estilo ditatorial, desonestidade financeira, ambiguidade teológica e, mais evidente de tudo, falta de clareza em relação ao evangelho e falta de compromisso com as Escrituras como a Palavra de Deus. Em duas gerações, pastores infiéis não comprometidos em guardar a verdade fizeram a igreja deteriorar.

Essa igreja é um exemplo do que acontece quando líderes abandonam seu compromisso de guardar a verdade, mas essa igreja é também um exemplo positivo e um testemunho do poder de Deus e da Escritura. Sob a liderança de seu novo pastor, a igreja que antes era moribunda e disfuncional começou a florescer novamente. Isso não aconteceu de imediato, mas, depois de uma década de ensino bíblico consistente e de ministério evangélico fiel, a igreja é novamente uma luz na comunidade. As pessoas estão andando na verdade, e vidas estão sendo transformadas. Meu amigo diria imediatamente que essa nova vida não se deve a estratégias específicas, a programas da moda ou à sua própria liderança; antes, é fruto da Palavra de Deus produzindo nova vida espiritual. E, embora ele espere ter mais alguns anos de ministério frutífero nesse lugar, está consciente de sua prioridade fundamental: levantar uma nova geração que guardará a verdade que foi redescoberta e reafirmada nesta igreja.

Hoje, quase dois mil anos depois da ascensão de Cristo, a igreja de Cristo está estabelecida em todo o mundo. E, pela graça de Deus, continuará a crescer e se expandir à medida que homens fiéis são encarregados da verdade e levantam uma nova geração para fazer o mesmo. A prioridade instintiva e primária de um pastor tem de ser guardar o bom depósito e entregar essa verdade a outros homens dignos de confiança. As prioridades da vida e do ministério de um pastor podem ser cheias de bons labores. No entanto, a administração da verdade de Deus, do evangelho de Jesus e de toda a Escritura deve fundamentar e direcionar todos esses bons labores. Se pastores e líderes de igreja não fizerem isso, acabarão edificando sua vida e seu ministério em coisas que não durarão. Se perdermos a verdade, nada nos restará. Mas, se guardarmos a verdade e a tornarmos a essência de nosso ministério, labutaremos na obra para a qual o Espírito nos capacita e pela qual ele comunica vida à nossa alma e à alma de nosso povo.

CAPÍTULO 2

PREGUE A PALAVRA

> "Conjuro-te, perante Deus e Cristo Jesus, que há de julgar vivos e mortos, pela sua manifestação e pelo seu reino: prega a palavra, insta, quer seja oportuno, quer não, corrige, repreende, exorta com toda a longanimidade e doutrina."
>
> 2 Timóteo 4.1-2

O tempo de estudo em preparo da pregação fica geralmente espremido na agenda atarefada de um pastor. No entanto, em meio a compromissos de ministério concorrentes, o estudo e a pregação da Palavra de Deus devem ser o foco primordial do ministério de todo pastor fiel. Em anos recentes, quando pastores usam as mudanças tecnológicas e a riqueza de recursos disponíveis na Internet, uma dinâmica interessante denominada "plagiar sermões" se desenvolveu: a tentação de usar imediatamente a informação disponível, tomar por empréstimo esboços ou, em alguns casos, manuscritos literais de outros pastores e pregá-los à congregação. Pastores que não têm uma mensagem para seu sermão de domingo podem pegar os sermões de pastores talentosos, populares e bem-sucedidos e afirmá-los como se fossem deles próprios. Além dessa tentação, há o incentivo de alguns pregadores no sentido de que isso seja feito por conveniência, com o propósito de liberar pastores ocupados para se dediquem a outras responsabilidades. Um pastor famoso diz a outros pastores que utilizem sua obra para aprimorar o ministério: "Usem-nos".[5] E, noutro lugar, ele diz: "Quando eu estava plantando a Igreja de Saddleback, os sermões de outros pastores alimentaram minha alma e facilitaram minha preparação! Espero que [meus] sermões... façam o mesmo por vocês. Quer usem os esboços e as transcrições para ter ideias de sermões, quer ouçam a pregação para aprimorar a maneira de pregar, ficarei satisfeito se o ministério de vocês se tornar mais eficaz".[6]

Certamente, a generosidade do pastor Rick Warren e seu desejo de ajudar outros pastores são louváveis. Em última análise, porém, incentivar esse tipo de

---

[5] Citado em Ron Forseth, "Just What Is Pulpit Plagiarism?" *Church Leaders* online. Disponível em: www.churchleaders.com/pastors/pastor-articles/138301-just-what-is-pulpit-plagiarism.html. Acesso em: 22 ago. 2014.

[6] Citado em Tim Brown, "The Preacher and Plagiarism", *Cross Connection Network* online. Disponível em: www.crossconnection.net/2011/10/preacher-plagiarism/. Acesso em 22 ago. 2014.

comportamento é negligente e imprudente. Por quê? Porque um pastor é chamado a *pregar*. E isso envolve estudo. Envolve reflexão pessoal na Palavra. Envolve meditação e oração. Não há atalhos nem substitutos para essas coisas. Um pastor é chamado não somente a pregar a Palavra de Deus, mas também a pregar a Palavra que foi internalizada profundamente e aplicada apropriadamente para seu povo.

Quero fazer mais do que apenas afirmar a importância da pregação. Quero recomendar um *processo de preparação* específico. Paulo disse, em 2 Timóteo 4, que parte da pregação da Palavra envolve estar preparado para essa obra. E eu creio que a preparação envolve necessariamente um compromisso de estudo e oração, um processo que não pode ser substituído pela obra de outra pessoa. Ainda que os sermões de outros pastores possam ser proveitosos quando usados de maneira apropriada, o preparo da pregação envolve, necessariamente, um compromisso absoluto do tempo e do coração de um pastor. Sem esse compromisso, o ministério público de um pastor em pregar a Palavra de Deus nunca será tudo que pode ser, nem será o que Deus planejou que seja.

UM MANDAMENTO BÍBLICO: PREGUE

Nas páginas da Escritura, Deus fala com seu povo por meio de um líder designado. Deus fala e busca uma resposta de seu povo. No Antigo Testamento, Deus escolheu uma nação, Israel, para ser seu povo especial. Israel fracassou em responder a essa Palavra como Deus queria, apostatando em pecado e idolatria. Mas esse padrão de Deus falar por meio de mediadores e exigir uma resposta permanece inalterado em toda a história da Escritura.

Israel

Quando os descendentes de Jacó foram escravizados pelos egípcios, Deus ouviu os clamores de seu povo no Egito e o resgatou de sua servidão. Moisés se tornou o líder designado por Deus, sendo responsável por levar a Palavra de Deus ao povo. Deus fez uma aliança com seu povo por intermédio de Moisés, que declarou a Palavra de Deus ao povo. O povo respondeu em concordância. Esta é a cena do momento em que a aliança (conhecida como a "antiga aliança") foi estabelecida entre Deus e Israel:

> Disse também Deus a Moisés: Sobe ao Senhor, tu, e Arão, e Nadabe, e Abiú, e setenta dos anciãos de Israel; e adorai de longe. Só Moisés se chegará ao Senhor; os outros não se chegarão, nem o povo subirá com ele.
>
> Veio, pois, Moisés e referiu ao povo todas as palavras do Senhor e todos os estatutos; então,

> todo o povo respondeu a uma voz e disse: Tudo o que falou o Senhor faremos. Moisés escreveu todas as palavras do Senhor e, tendo-se levantado pela manhã de madrugada, erigiu um altar ao pé do monte e doze colunas, segundo as doze tribos de Israel. E enviou alguns jovens dos filhos de Israel, os quais ofereceram ao Senhor holocaustos e sacrifícios pacíficos de novilhos. Moisés tomou metade do sangue e o pôs em bacias; e a outra metade aspergiu sobre o altar. E tomou o livro da aliança e o leu ao povo; e eles disseram: Tudo o que falou o Senhor faremos e obedeceremos. Então, tomou Moisés aquele sangue, e o aspergiu sobre o povo, e disse: Eis aqui o sangue da aliança que o Senhor fez convosco a respeito de todas estas palavras.
>
> Êxodo 24.1-8

Observe que o povo e os anciãos não tiveram permissão de chegar à presença de Deus. Em vez disso, precisaram de alguém para representá-los e mediar a Palavra de Deus para eles. A intenção de Deus era comunicar sua Palavra por meio de um líder designado (Moisés), alguém que ouviria a palavra de Deus e a comunicaria ao povo. O povo respondeu à palavra de forma unânime, declarando que obedeceria (Êx 24.7).

Mas, apesar da fidelidade de Deus, o povo não obedeceu; ao contrário, rebelou-se. Mas Deus continuou falando com seu povo por meio de líderes designados que falavam sua palavra, chamando-os sempre a responder a essa palavra. Esse padrão é visto no ministério dos profetas. Os profetas lembravam ao povo a lei de Deus e sua aliança com eles, fazendo o povo saber que Deus os chamava ao arrependimento e a se voltarem para ele. Outra vez, o povo rejeitou essa mensagem, mas os porta-vozes do Senhor permaneceram fiéis em falar o que Deus lhes revelara. Muitos deles sofreram e foram perseguidos por causa de sua obediência.

A história de Israel tem alguns vislumbres de obediência do povo à Palavra, prefigurando a redenção futura do povo de Deus. O rei Davi respondeu em arrependimento à Palavra de Deus que lhe foi dirigida por meio do profeta Natã (2Sm 12). E não há dúvida de que muitos dos salmistas tinham um grande amor pela Palavra de Deus; e algumas pessoas obedeceram ao seu chamado para amar e obedecer à Palavra de Deus. A beleza, a extensão e o conteúdo do Salmo 119 nos lembram que pessoas da nação de Israel amavam a lei do Senhor e procuravam não somente obedecer à lei, como também deleitar-se e meditar nela.

Provavelmente, o retrato mais poderoso no Antigo Testamento em que vemos Deus falando com seu povo e dando-lhe vida por meio de sua Palavra se acha na visão do vale de ossos secos do profeta Ezequiel:

Veio sobre mim a mão do Senhor; ele me levou pelo Espírito do Senhor e me deixou no meio de um vale que estava cheio de ossos, e me fez andar ao redor deles; eram mui numerosos na superfície do vale e estavam sequíssimos. Então, me perguntou: Filho do homem, acaso, poderão reviver estes ossos? Respondi: Senhor Deus, tu o sabes. Disse-me ele: Profetiza a estes ossos e dize-lhes: Ossos secos, ouvi a palavra do Senhor. Assim diz o Senhor Deus a estes ossos: Eis que farei entrar o espírito em vós, e vivereis. Porei tendões sobre vós, farei crescer carne sobre vós, sobre vós estenderei pele e porei em vós o espírito, e vivereis. E sabereis que eu sou o Senhor.

Então, profetizei segundo me fora ordenado; enquanto eu profetizava, houve um ruído, um barulho de ossos que batiam contra ossos e se ajuntavam, cada osso ao seu osso. Olhei, e eis que havia tendões sobre eles, e cresceram as carnes, e se estendeu a pele sobre eles; mas não havia neles o espírito. Então, ele me disse: Profetiza ao espírito, profetiza, ó filho do homem, e dize-lhe: Assim diz o Senhor Deus: Vem dos quatro ventos, ó espírito, e assopra sobre estes mortos, para que vivam. Profetizei como ele me ordenara, e o espírito entrou neles, e viveram e se puseram em pé, um exército sobremodo numeroso.

Ezequiel 37.1-10

Essa é uma cena poderosa de como Deus traz vida ao seu povo. Ele fala, por meio de seu porta-voz, a pessoas mortas e inertes, e a palavra traz vida por meio do Espírito do Senhor. Nessa visão, o Soberano Senhor revela seu plano divino de soprar vida em seu povo, um plano que é realizado nas promessas da nova aliança garantidas pelo sangue de Jesus Cristo.

A igreja

O tão esperado Messias é quem inaugura a nova aliança. Por meio de sua vida perfeita, sua morte e ressurreição, Jesus compra, com seu próprio sangue, um povo para si mesmo. Diferentemente de Israel, esse povo redimido tem o Espírito de Deus colocado neles e a Palavra de Deus inscrita em seu coração (Ez 36.26-27), para que sejam capazes de obedecer à Palavra de Deus. Agora, esse povo é capaz de ouvir a Palavra de Deus por meio de seus servos designados e de responder em obediência. A igreja depende da pregação da Palavra de Deus para sua vida.

No dia de Pentecostes, vemos como o Espírito Santo vem sobre os mensageiros de Deus de maneira poderosa (At 2.1-4). Com o derramamento do Espírito, a igreja nasce, e nós vemos a manifestação plena do cumprimento do plano de Deus para edificar seu reino. O mensageiro designado por Deus, o apóstolo Pedro, prega o evangelho (At 2.14-36) e exorta os ouvintes a responderem à palavra de Deus sobre Jesus (At 2.37-40). O povo responde com arrependimento, fé e disposição de ser batizado (At 2.41-42). A pregação da Palavra de Deus pelos apóstolos, no poder do Espírito Santo, é o meio pelo qual Deus edifica sua igreja.

Os apóstolos passam a tocha para a geração seguinte, e o padrão estabelecido pelos apóstolos é continuado. Pastores de igrejas locais continuam pregando o testemunho dos apóstolos para o estabelecimento, o crescimento e a saúde do povo de Deus. As cartas de Paulo a Timóteo e Tito revelam a importância do ministério da Palavra. Paulo exorta Timóteo a guardar o bom depósito do evangelho e a sã doutrina da Palavra de Deus, porque isso lhe foi confiado. E, como vimos no capítulo anterior, uma das principais maneiras de guardarmos esse depósito é por meio da pregação da Palavra: "Conjuro-te, perante Deus e Cristo Jesus, que há de julgar vivos e mortos, pela sua manifestação e pelo seu reino: prega a palavra, insta, quer seja oportuno, quer não, corrige, repreende, exorta com toda a longanimidade e doutrina" (2Tm 4.1-2).

O propósito de Deus de, no decorrer dos séculos, edificar seu reino de pessoas redimidas culmina neste poderoso encargo: "Prega a palavra". Paulo explica como, quando e por que um pastor deve pregar a Palavra, e que isso deve ser feito com a paciência e a precisão de um pastor chamado e dotado pelo Senhor Jesus

Cristo. Pastores têm a responsabilidade de cuidar da alma das pessoas como homens que prestarão contas (Hb 13.17). Os apóstolos sabiam que muita coisa estava em jogo. Levaram muito a sério sua responsabilidade de ensinar e treinar uma nova geração de pastores que receberiam o manto deles. Paulo escreveu a Timóteo ressaltando a importância de se apegar à verdade e ensiná-la a outros:

> Até à minha chegada, aplica-te à leitura, à exortação, ao ensino. Não te faças negligente para com o dom que há em ti, o qual te foi concedido mediante profecia, com a imposição das mãos do presbitério. Medita estas coisas e nelas sê diligente, para que o teu progresso a todos seja manifesto. Tem cuidado de ti mesmo e da doutrina. Continua nestes deveres; porque, fazendo assim, salvarás tanto a ti mesmo como aos teus ouvintes.
>
> 1 Timóteo 4.13-16

Esse encargo, ainda que seja aplicável, em algum sentido, a todos os crentes, é dado especialmente a homens dotados e cheios do Espírito que são pastores biblicamente qualificados (1Tm 3.1-7). São chamados a pregar a Palavra para o povo que pastoreiam, a viver essa Palavra e a chamar pessoas a responder ao evangelho.

Embora vivamos num tempo e numa cultura diferentes, permanece o fato de que a igreja de Deus é edificada dessa mesma maneira hoje. As Epístolas Pastorais descrevem um padrão detalhado para a pregação e como isso edifica a igreja. Os pastores devem estudar e se preparar de modo que ouçam a Palavra de Deus. Um pastor internaliza essa Palavra e, depois, prega-a às pessoas, pelo Espírito, chamando seu povo específico a responder em obediência. Isso é mais do que uma atividade humana; é uma experiência espiritual designada por Deus entre um pastor e sua congregação. E a obra de preparação é um componente essencial. Não acontece quando um pastor prega o sermão de outro ou economiza na obra de preparação. A obra do coração também é essencial e compensa o investimento de tempo, porque produz fruto espiritual.

PREGANDO COMO UM PASTOR

Um pastor pode pregar vários tipos de sermão: mensagens doutrinárias, que enfatizam uma doutrina específica, como eleição, pecado, perseverança, Escritura, eclesiologia e escatologia; mensagens evangelísticas, que comunicam o evangelho e chamam os não convertidos a crer em Cristo; e mensagens tópicas, que abordam um tema específico ou uma necessidade da congregação. Nenhum desses tipos é precário em si mesmo; e todos têm seu lugar em algum momento. Mas, para garantir que seu povo esteja sendo exposto regularmente à Palavra de Deus, a melhor maneira de pregar fiel e acuradamente é por meio de sermões *expositivos*.

Um sermão expositivo flui de um texto da Escrituras, sendo construído totalmente desse texto, e não de uma ideia, de uma doutrina, de um evento ou de um tópico. Para ajudar a visualizar isto, imagine uma pilha de tijolos de construção em que o tijolo fundamental é um texto da Escritura. Ao preparar uma mensagem expositiva, cada tijolo que você coloca no sermão é assentado sobre esse tijolo fundamental. A pregação expositiva funciona melhor quando pastores expõem diferentes livros da Bíblia, passagem por passagem.

Tenho três razões para acreditar que sermões expositivos são o meio mais proveitoso e fiel de os pastores alimentarem seu povo regularmente:

1. Sermões expositivos afirmam a autoridade, o poder e a suficiência da Escritura. Como mencionei no capítulo anterior, um pastor não pode evitar as passagens difíceis quando prega sermões expositivos. Quando eu pregava todo o livro de 2 Samuel em minha igreja local, numa semana preguei sobre o adultério de Davi e o assassinato e, na semana seguinte, preguei sobre o estupro, o incesto e o assassinato entre os filhos de Davi — passagens que eu não teria escolhido para pregar se estivesse escolhendo fortuitamente uma passagem para a semana. Mas nosso povo precisa ouvir o que Deus está dizendo nessas passagens, e nós, como pastores, precisamos lutar com elas para entender o que Deus quer que aprendamos delas. Pregue as passagens difíceis. Se a sua congregação perceber que você não tem medo de lutar com elas, certamente eles também crescerão menos temerosos delas.

2. *Sermões expositivos ajudam nosso povo a saber como ler sua Bíblia.* Um pastor e seu povo chegarão a um entendimento melhor do significado de cada livro ou seção da Escritura. Sempre fico admirado de como entendo muito melhor a intenção de um escritor depois de pregar seguindo o fluxo natural de seu argumento ou narrativa. Por exemplo, quando pregava sobre o adultério de Davi, percebi como o adultério estava ligado ao fato de que Davi havia tomado uma segunda mulher em 1 Samuel. Isso não foi algo que li num comentário. Aprendi por seguir a progressão da narrativa enquanto pregava esse livro da Bíblia. É difícil ver conexões dessa natureza, a menos que um pastor dedique seu tempo a meditar na passagem, semana após semana.

3. *Sermões expositivos ajudam um pastor a se manter concentrado em pregar as palavras de Deus, e não as palavras humanas.* Sermões expositivos sobre livros inteiros da Bíblia proporcionam um provimento consistente e frutífero para a igreja. Esse tipo de pregação ensina aos nossos ouvintes como devem ler suas Bíblias. Quando nos comprometemos com a pregação

de livros inteiros da Bíblia, não selecionando, nem escolhendo o que desejamos ler ou estudar, ensinamos nosso povo a fazer o mesmo.

Pregue seu próprio material

Embora nem todos os pastores sejam tentados a pregar o sermão de outro pastor, a maioria depende das opiniões, do discernimentos e da sabedoria erudita de outros pastores em comentários, ferramentas de idiomas e escritos teológicos. Sejamos realistas! Vivemos num tempo abençoado! Temos acesso fácil aos pensamentos das mentes teológicas mais brilhantes da história. E podemos saber o que pensam sobre quase todas as passagens da Bíblia. Tendo acesso a esses eruditos, a tentação com que deparamos é depender dos pensamentos e discernimentos de outros, antes de formularmos nossos próprios pensamentos sobre a passagem. Qual é o equilíbrio aqui? Quando um pregador deve consultar os eruditos? Quando ele deve ter suas próprias percepções?

As palavras de Andrew Fuller, um pastor inglês do século XIX, são tão corretas em nosso tempo saturado de comentários quanto eram em seus dias de recursos escassos. Fuller escreveu isto numa carta dirigida a um jovem pastor:

> O método que eu seguia era, inicialmente, ler o texto com atenção e, à medida que prosseguia, anotar o

que primeiro me impressionava como o significado. Depois de reduzir essas anotações a algo como um esquema da passagem, eu examinava os melhores eruditos que lograva conseguir e, comparando meus primeiros pensamentos com os deles, tornava-me mais capaz de julgar a exatidão de meus pensamentos. Alguns eram confirmados; alguns, corrigidos; e muitos outros, acrescentados. Mas recorrer primeiro aos expositores é ignorar o exercício de seu próprio julgamento.[7]

Como pastores, devemos ser gratos pela abundância de comentários e escritos teológicos disponíveis para nós. Use-os! Permita que confirmem ou mesmo corrijam seus próprios pensamentos *depois* de você ter feito seu próprio estudo. Mas guarde-se de confiar demais neles. Pastores ocupados são frequentemente tentados a seguir o caminho do menor esforço e pregar os pensamentos de outros, em vez de realizar o trabalho árduo de permitir que o Espírito do Deus vivo trabalhe o texto em nós como uma mensagem que falará especificamente ao nosso rebanho. Pregação bíblica, autêntica e cheia do Espírito acontece quando um pregador foi profundamente impactado por uma passagem. É tão necessária hoje quanto o foi nos dias de Fuller.

---

7 Joseph Belcher, ed., *The Complete Works of the Rev. Andrew Fuller with a Memoir of His Life by Andrew Gunton Fuller* (1845; repr., Harrisonburg, VA: Sprinkle, 1988), 3:201.

Pregue com seu povo em mente

A tarefa de pregar é mais do que apenas pregar a Palavra; envolve aplicar cuidadosa e sabiamente essa Palavra à vida das pessoas confiadas ao seu cuidado. Enquanto você se prepara para pregar a Palavra de Deus, dever ter seu povo em mente. Pense nas dificuldades que estão enfrentando, nos desafios presentes em suas vidas. Como a Palavra de Deus nessa passagem pode ministrar-lhes graça? Faça perguntas como: "De que maneira essa passagem se relaciona ao casamento de Joe? Como essa característica de Deus fala à dor que Margaret está sentindo depois de perder seu marido? Como essa passagem ajuda Sara a cuidar mais fielmente de sua casa? Como ajuda Doug a lidar com seu chefe difícil? Ou como essa passagem ministra graça a Sally, que acabou de saber que tem câncer?" Um pastor deve ter em mente pessoas específicas, para ajudá-lo a aplicar a verdade da Palavra de Deus diretamente às situações singulares de sua congregação.

Outra maneira de ser atencioso e consciente de seu povo é pensar *quanto tempo* você deve pregar. Biblicamente, não há um tempo específico para uma mensagem. Portanto, a extensão da mensagem deve ser determinada por vários fatores, afetados grandemente por seu contexto cultural e pelas necessidades espirituais de seu povo. Em primeiro lugar, considere a maturidade espiritual de seu povo, em que ponto eles realmente estão e em que ponto deveriam estar. Devemos sempre desafiar nosso povo a crescer; mas ouço falar de pastores que pregam sermões longos, sabendo muito bem que sobrecarregam a maior parte de sua congregação. O argumento deles é que estão forçando seu povo, expandindo-o para que, assim, eles possam ouvir a Palavra de Deus pela quantidade de tempo que o pastor *acha* apropriada. Por todos os meios, incentive sua congregação a crescer, mas não a exaspere, nem destrua seu amor à Palavra ao pregar sermões longos que seus ouvintes não conseguem assimilar. Deus tem de fazer sua obra. Pregue fielmente, mas encontre-os onde eles estão. Permita que Deus os conduza ao lugar em que precisam estar. Sua pregação deve levá-los a anelar por mais, e não a desejarem que você acabe o mais rápido possível.

A extensão de uma mensagem também deve basear-se em seus próprios talentos e habilidades. Seja honesto. Quão bom e quão maduro você é como pregador? Sou propenso a gastar muito tempo com outros pastores que amam ler os puritanos; e, quando lemos que esses homens pregavam sermões de uma ou duas horas, é tentador pensarmos: *Ei, eu quero ser como os puritanos*. Mas a verdade é que muitos que desejam pregar por uma hora ainda não são tão bons e tão maduros para pregar por uma hora inteira. Cada pastor precisa avaliar honestamente sua própria pregação.

Se você tem dificuldade para fazer isso, obtenha a opinião de pessoas nas quais você confia: sua esposa, um amigo ou um presbítero confiável. Esteja pronto para ouvir a opinião deles e receba-a como um convite a crescer e aprender. Se você ainda está em seu primeiro ano de pastorado em uma igreja, é provável que seus sermões precisem ser mais curtos e mais simples do que você talvez ache que deveriam ser.

Por último, conforme já mencionei brevemente, você deve lembrar que é bom deixar seu povo anelando por mais, e não por menos. Todo pastor já teve essa experiência. Sentimos que estamos perdendo as pessoas e ainda temos dez minutos de sermão. Dê o tempo apropriado à pregação da Palavra de Deus, mas, ao mesmo tempo, tente deixar seus ouvintes anelando por mais, quando você terminar. Prefiro deixar meu povo num ponto em que desejem mais, em que anseiem retornar na semana seguinte, a sobrecarregá-los a ponto de não conseguirem mais esperar para sair. Quando alguém está sedento por um grande copo de água, enfiar uma mangueira de incêndio em sua garganta apagará sua sede, mas não será uma experiência agradável, nem uma experiência que ele desejará repetir.

Lembre-se de que você não é apenas uma voz que comunica mecanicamente uma mensagem; você é um pastor do povo de Deus. Pense como um pastor. Estimule seu povo a crescer, mas faça isso com sabedoria.

Alimente-os ao encontrá-los onde estão. Em seguida, confie que Deus usará a Palavra e seus esforços para achar um equilíbrio que estimula o crescimento.

Pregue tendo em mente a si mesmo

Em 1 Timóteo 4.16, o apóstolo Paulo exorta Timóteo: "Tem cuidado de ti mesmo e da doutrina". Um pregador da Palavra de Deus não terá o mesmo impacto sobre seu povo se, antes de tudo, não tiver sido profundamente afetado pela Palavra. Archibald Brown, um pastor inglês do século XIX, entendeu isso quando falou à sua congregação:

> Irmãos e irmãs, permita Deus que eu lhes fale nesta manhã como deveria. Desejo somente fazer este texto brilhar diante de vocês, como brilhou diante de mim antes. Desejo que esta força tremenda seja compreendida por vocês, como foi sentida em meu próprio coração, antes de eu chegar aqui. Oh! Que este texto remova alguns de vocês do egoísmo, do mundanismo e de se renderem às máximas deste mundo.[8]

As palavras de Brown expressam um dos elementos essenciais da pregação poderosa: *um pregador tem de ser profundamente afetado pela Palavra que ele pregará*

---

8 Iain H. Murray, *Archibald G. Brown: Spurgeon's Successor* (Edinburgh: Banner of Truth, 2011), 361.

quando subir ao púlpito. Antes que possa persuadir um pecador a se voltar para Cristo, ele precisa persuadir a si mesmo. Antes que um pregador possa convencer irmãos em Cristo a confiar nas promessas de Deus, ele precisa crer nessas promessas. Pastores não podem ser mudados *pela* Palavra se não gastam tempo na Palavra quando se preparam para pregar. É essencial que todo pastor que prega a Palavra de Deus se assegure de que essa Palavra faz parte dele e de que crê verdadeiramente no que preparou para pregar. Essa preparação do coração dá à pregação uma seriedade que resulta de se encontrar com Deus e experimentar sua ajuda.

Essa ajuda vem somente por meio da obra do Espírito Santo. Um pastor tem de compreender, em primeiro lugar, sua própria incapacidade de pregar com poder e fidelidade sem a obra do Espírito. Pastores talentosos e eloquentes são tentados a confiar em seus próprios dons e capacidades quando se levantam diante de sua congregação para pregar. Mas todo pastor, independentemente de seus dons e habilidades, precisa compreender que o poder em sua pregação vem de manusear corretamente a Palavra de Deus, por meio do Espírito Santo. A. W. Tozer expõe a ênfase superficial e cultural de nossos dias em relação à pregação, com estas palavras perspicazes:

> Permita-me chocá-lo neste ponto. Uma pessoa naturalmente brilhante pode realizar atividades

religiosas sem possuir um dom especial de Deus. Enchendo os púlpitos de igrejas toda semana, estão alguns que usam somente habilidades naturais e treinamento especial. Alguns são conhecidos como expositores da Bíblia, porque é possível ler e estudar comentários e, em seguida, repetir o que foi aprendido sobre as Escrituras. Sim, isso pode chocá-lo, mas é verdade que qualquer pessoa capaz de falar fluentemente pode aprender a usar frases religiosas e pode tornar-se reconhecido como um pregador.

No entanto, se alguém está determinado a pregar de modo que sua obra e seu ministério permaneçam no dia do julgamento de fogo, então ele deve pregar, ensinar e exortar com o tipo de amor e preocupação que vem somente por meio de um dom genuíno do Espírito Santo, algo que está além das capacidades do próprio indivíduo.[9]

O intelecto, os dons, o treinamento e a capacidade de falar de um pastor são, todos, úteis na tarefa de pregação, mas não tornam um pregador poderoso e cheio do Espírito. A pregação poderosa vem de uma obra do Espírito, quando Deus move o coração do próprio pastor e quando o amor a seu povo e à alma dos homens surge como seu maior dever.

Os pastores modernos deveriam atentar às palavras de Paulo para terem "cuidado" de si mesmos "e da

---

9 A. W. Tozer, *Tragedy in the Church: The Missing Gifts* (Chicago: Moody, 2007), 22.

doutrina", por meio de estudo diligente e preparação para pregar. Isso significa não somente pensar na melhor maneira de comunicar ao seu povo, mas também pensar sobre pregar para o próprio coração. A maior virtude de um pastor, quando prega a Palavra, não é uma mente perspicaz ou eloquência agradável, mas, sim, um coração humilde e contrito diante do Senhor, dependente do Espírito Santo para fazer sua obra.

CONCLUSÃO

Deus edifica sua igreja e seu reino por meio de seus mensageiros designados que anunciam a Palavra de Deus. Foi assim que a igreja nasceu. É assim que Deus continua a edificar a igreja moderna para manifestar sua glória. Deus edifica sua igreja e faz isso ao soprar vida na igreja, por meio de seu Espírito, pela instrumentalidade de sua Palavra vivificadora. A tarefa de um pastor é pregar a Palavra com paixão profunda, porque sua própria mente, mente, coração e alma foram movidos pela Palavra em sua preparação. Ele deve preparar a mensagem tendo em mente seu grupo singular de pessoas, pensando em como transmitir essa Palavra vivificadora à vida de todas elas. Deve proclamar a Palavra de Deus como se a vida e a morte, o céu e o inferno estivessem na balança. Pastores, tenham como alvo guardar o bom depósito que lhes foi confiado, passando esse depósito à geração seguinte, até que o Supremo Pastor volte.

CAPÍTULO 3
ORE PELO REBANHO

> "Com toda oração e súplica, orando em todo tempo no Espírito e para isto vigiando com toda perseverança e súplica por todos os santos."
>
> Efésios 6.18

Quando me tornei pastor sênior, deixando uma função auxiliar em outra igreja, minha vida e meu ministério tornaram-se repentinamente muito ocupados, mais ocupados do que jamais haviam sido. Sem dúvida, eu sabia o que estava envolvido em meu chamado. Sabia o que deveria fazer. Semana após semana, vi as coisas que eu deveria estar fazendo ficarem espremidas em minha agenda, por causa das demandas urgentes de meu tempo. Acima de tudo, uma das tarefas mais negligenciadas era a oração. E não penso que estou sozinho nisso. Mais do que qualquer outro aspecto do chamado de um pastor, a oração é o mais difícil de manter. A oração exige tempo. E a oração é geralmente mais frutífera quando realizada em um lugar tranquilo, sem interrupção ou distração constante. Infelizmente, a oração não demanda nossa atenção. Em meio a pessoas que desejam nosso tempo e tarefas urgentes que precisam ser terminadas, gastar tempo em oração é fácil de ignorar.

Um pastor sabe que pregará a cada sete dias, não importando quão ocupado esteja. O sermão tem de ser feito, e é preciso reservar tempo para cumprir essa tarefa. Pessoas doentes vão para o hospital; e seus sofrimentos penetram na consciência do pastor de modo que, embora esteja ocupado, ele conseguirá tempo para ir ao hospital. Uma morte súbita acontece, um culto fúnebre tem de ser preparado e o pastor fica sob o controle dos planos daquela família e da agência funerária. As reuniões de liderança da igreja são planejadas com antecedência e se tornam prioridades básicas na agenda de um pastor. Além disso, outras pessoas dependem dele para estar nessas reuniões e liderá-las. Mas nada disso é verdadeiro quanto à oração. A oração pode estar em nossa consciência, mas não está se queixando. Permanece na lista de tarefas do dia, mas aqueles por quem não oramos desconhecem que são esquecidos. Quando outras exigências roubam nossa atenção, a oração é relegada ao segundo plano. Muitos pastores, incluindo eu mesmo, passam semana após semana até que, por fim, aquela voz suave e necessária que nos chama a parar e orar simplesmente esmorece. Se muito tempo se passar, a voz de convicção e desejo desaparecerá. Quando isso acontece, a oração começa a ocupar pouco lugar em nossa vida. De forma irônica, um pastor pode ficar tão ocupado em cuidar de seu povo que nunca reserva um tempo para parar e orar por eles.

Mas isso não é certo. Revela falta de fé e um problema de prioridades mal estabelecidas. De fato, o alvo deste capítulo é aumentar o volume daquela voz em nossa consciência, aquela voz que, com frequência, ignoramos em meio a uma vida de ministério atarefado. Meu alvo não é envergonhar você ou manipulá-lo para que ore. Não, creio que o Espírito de Deus, por meio de sua Palavra, fará a obra necessária de convencê-lo e de aumentar seu desejo para orar. Espero apenas aumentar o volume ao ressaltar um tema que ocorre em toda a Escritura. Você entende que foi chamado singularmente por Deus para comparecer diante dele em favor de seu povo e rogar-lhe que opere e se mova entre seu povo? Você é chamado para interceder por eles. Esse é um tema que culmina na perfeita obra de mediação de Jesus Cristo. Veremos como esse é um padrão bíblico consistente para os líderes de Deus. Em seguida, mencionarei algumas coisas práticas que, espero, tornarão você mais bem capacitado para orar por seu rebanho.

São ferramentas que ajudam a trazer a disciplina tão necessária à sua vida e ministério, restaurando a oração ao seu devido lugar.

A NECESSIDADE DE UM INTERCESSOR

Como mencionei no capítulo 1, Deus criou o mundo, e o mundo era bom e perfeito (Gn 1–2). Mas, quando Adão e Eva pecaram contra Deus e o pecado entrou no mundo (Gn 3), tudo mudou. Uma implicação permanente é a separação relacional entre Deus e aqueles a quem ele criou à sua imagem. Mas Deus tinha um plano, e seu plano era reconciliar sua criação da separação causada pelo pecado. Frequentemente, Deus utiliza líderes de seu povo para servir como intercessores em favor de seu povo. Um intercessor é alguém que apela a Deus em favor de outros. Esse padrão revela o desígnio de Deus para a função pastoral na igreja local. Porém, de forma ainda mais significativa, esse padrão revela o evangelho, o fato de que somos reconciliados com Deus pela obra mediadora (colocar-se entre) e intercessora (apelar em favor de) do Redentor, Jesus Cristo.

Moisés em favor de Israel

Deus falou a Abraão e prometeu que uma grande nação sairia de sua descendência (Gn 15). Deus foi verdadeiro a essa promessa, e, no tempo determinado, as gerações futuras dos descendentes de Abraão se multiplicaram e formaram uma grande nação, Israel. Um dos líderes mais importantes do povo de Deus foi Moisés, que foi designado por Deus para liderar seu povo e desempenhar o papel de mediador entre Israel e Deus. O papel intercessor de Moisés é revelado poderosamente depois que Moisés tirou o povo da escravidão no Egito, e o povo fabricou um bezerro de ouro e praticou idolatria. Deus ficou realmente irado:

> Então, disse o Senhor a Moisés: Vai, desce; porque o teu povo, que fizeste sair do Egito, se corrompeu e depressa se desviou do caminho que lhe havia eu ordenado; fez para si um bezerro fundido, e o adorou, e lhe sacrificou, e diz: São estes, ó Israel, os teus deuses, que te tiraram da terra do Egito. Disse mais o Senhor a Moisés: Tenho visto este povo, e eis que é povo de dura cerviz. Agora, pois, deixa-me, para que se acenda contra eles o meu furor, e eu os consuma; e de ti farei uma grande nação.
>
> Porém Moisés suplicou ao Senhor, seu Deus, e disse: Por que se acende, Senhor, a tua ira contra o teu povo, que tiraste da terra do Egito com grande fortaleza e poderosa mão? Por que hão de dizer os egípcios: Com maus intentos os tirou, para matá-los nos montes e para consumi-los da face da terra? Torna-te do furor da tua ira e arrepende-te deste mal contra o teu povo. Lembra-te de Abraão,

> de Isaque e de Israel, teus servos, aos quais por ti mesmo tens jurado e lhes disseste: Multiplicarei a vossa descendência como as estrelas do céu, e toda esta terra de que tenho falado, dá-la-ei à vossa descendência, para que a possuam por herança eternamente. Então, se arrependeu o Senhor do mal que dissera havia de fazer ao povo.
>
> Êxodo 32.7-14

Deus acabara de libertar miraculosamente seu povo. E como eles mostraram sua gratidão? Cometeram idolatria ao adorarem um bezerro de ouro. Não é surpreendente que a ira do Senhor se tenha inflamado contra eles e que o Senhor tenha desejado destruí-los (Êx 32.10). Foi Moisés quem clamou ardentemente ao Senhor em favor do povo, implorando que Deus mostrasse misericórdia (vv. 11-13). Como resultado, o Senhor atendeu e não os destruiu (v. 14). Moisés intercedeu em favor do povo de Deus, e o Senhor mostrou misericórdia.

No entanto, Moisés não era um líder, mediador ou intercessor perfeito. Israel era conhecido por seu padrão de desobediência ao Senhor, e isso continuaria. Até em meio às falhas, aos pecados e às desobediências do povo, o Senhor permaneceu fiel à sua aliança e continuou a se comunicar com eles, por meio de Moisés e de outros futuros líderes que clamaram a Deus em favor do povo de Deus.

Rei Davi, o intercessor

Um rei governa seu povo em benefício do povo. O rei Davi era o rei escolhido por Deus para governar seu povo escolhido, Israel. Davi não era apenas o rei designado por Deus; era também o rei com o qual Deus fizera outra aliança. Nessa aliança, Deus promete a Davi que levantará um descendente semelhante a ele. Esse Filho de Davi reinará sobre seu reino, um reino eterno que jamais passaria (2Sm 7.12-16).

Como o líder designado por Deus, Davi buscava a Deus em favor de seu povo, certo dessa promessa pactual que havia entre Deus e seu povo e seu rei escolhidos. Embora Davi fosse um rei imperfeito que pecou gravemente contra o Senhor (2Sm 11–12), ele demonstrou fidelidade em reinar sobre o povo de Deus e suplicar a bênção, a presença e o cuidado do Senhor sobre eles.

Os salmos contêm muitos exemplos da função do rei Davi como o advogado do povo que louva a Deus por sua bondade para com eles, roga seu perdão para a desobediência deles e clama pela proteção do Senhor contra os inimigos deles. Eis um exemplo:

> O Senhor é a minha força e o meu escudo; nele o meu coração confia, nele fui socorrido; por isso, o meu coração exulta, e com o meu cântico o louvarei. O Senhor é a força do seu povo, o refúgio

> salvador do seu ungido. *Salva o teu povo e abençoa a tua herança; apascenta-o e exalta-o para sempre.*
>
> Salmos 28.7-9, itálico acrescentado

Davi não era um rei perfeito. Apesar disso, ele possuía tinha o caráter e a qualidade que mostravam por que fora o rei escolhido de Deus. Davi confiava no Senhor. Sabia que o Senhor tanto o protegia [a ele, Davi] como protegia seu povo. Sabia que seu Deus era soberano sobre todos os seus inimigos. Davi dependia do Senhor quanto a obter forças para si mesmo e para seu povo. Sabia que o Senhor os salvaria e seria o pastor deles (Sl 28.8-9). Por isso, Davi clamava ao Senhor por ajuda, apelando ao Senhor em favor de seu povo para salvá-los e resgatá-los (v. 9). Davi louvava o Senhor como representante de seu povo. Embora imperfeito, Davi foi um modelo de boa parte do que o rei de Deus deveria ser e representar, enquanto o povo de Deus esperava a vinda do descendente de Davi para reinar em seu trono sobre seu reino eterno.

Jesus, nosso intercessor

Todos os líderes imperfeitos de Israel designados por Deus deveriam ser uma sombra do pastor, mediador e intercessor perfeito que reconciliaria o povo de Deus com o próprio Deus e intercederia em favor deles. Jesus Cristo veio como aquele Filho de Davi tão aguardado (2Sm 7.12-16). Jesus foi identificado como o Filho de Davi (Mt 1.1; Lc 1.32). Foi um rei mais fiel do que Davi. Foi melhor do que Moisés (Hb 3.3). E fez o que nenhum outro líder do povo de Deus poderia ter feito: deu sua vida por eles. Ao dar sua vida perfeita como um sacrifício, Jesus tornou-se não somente o mediador perfeito de seu povo, mas também aquele que reconciliou seu povo com Deus e clamou em favor deles. Jesus é o grande e perfeito sumo sacerdote prefigurado nos sacrifícios da antiga aliança, aquele sumo sacerdote de uma aliança superior e promessas melhores (Hb 8.6).

O quadro mais vívido de Jesus como intercessor de seu povo se encontra na profunda oração sumo sacerdotal, quando ele orou por seus discípulos pouco antes de ir para a cruz:

> É por eles que eu rogo; não rogo pelo mundo, mas por aqueles que me deste, porque são teus; ora, todas as minhas coisas são tuas, e as tuas coisas são minhas; e, neles, eu sou glorificado. Já não estou no mundo, mas eles continuam no mundo, ao passo que eu vou para junto de ti. *Pai santo, guarda-os em teu nome*, que me deste, para que eles sejam um, assim como nós...
>
> Não peço que os tires do mundo, *e sim que os guardes do mal*. Eles não são do mundo, como

também eu não sou. *Santifica-os na verdade*; a tua palavra é a verdade. Assim como tu me enviaste ao mundo, também eu os enviei ao mundo. E a favor deles eu me santifico a mim mesmo, para que eles também sejam santificados na verdade.

João 17.9-11, 15-19, itálico acrescentado

Essa oração impactante, durante a angústia de Jesus que antecipava a cruz, revela muito sobre o relacionamento de Jesus com seu Pai. Jesus foi capaz de apelar a seu Pai em favor de seus discípulos, de uma maneira que ninguém mais poderia fazer. Jesus se achegou a Deus como seu Filho, igual a Deus. Pediu a proteção dos discípulos. E rogou ao Pai que os guardasse do mal e os santificasse na verdade de Deus.

Ao contrário dos intercessores do passado, Jesus se achegou ao Pai como igual a ele, e esses pedidos de Jesus estavam baseados em quem ele era, no que ele fez e no que estava prestes a fazer. Quando Jesus morreu na cruz e saiu do sepulcro, comprou seu povo com seu próprio sangue. Agora, ele é capaz de ser aquele que comunica a mensagem de Deus ao seu povo e de entregar a resposta do povo a Deus. Mas a pessoa e a obra de Jesus proporcionam a seu povo livre e eterno acesso ao Pai. É assim que Jesus é o Salvador de seu povo, bem como o mediador e intercessor perfeito de seu povo, como explicou o autor de Hebreus:

> Quando, porém, veio Cristo como sumo sacerdote dos bens já realizados, mediante o maior e mais perfeito tabernáculo, não feito por mãos, quer dizer, não desta criação, não por meio de sangue de bodes e de bezerros, mas pelo seu próprio sangue, entrou no Santo dos Santos, uma vez por todas, tendo obtido eterna redenção. Portanto, se o sangue de bodes e de touros e a cinza de uma novilha, aspergidos sobre os contaminados, os santificam, quanto à purificação da carne, muito mais o sangue de Cristo, que, pelo Espírito eterno, a si mesmo se ofereceu sem mácula a Deus, purificará a nossa consciência de obras mortas, para servirmos ao Deus vivo!
>
> Por isso mesmo, ele é o Mediador da nova aliança, a fim de que, intervindo a morte para remissão das transgressões que havia sob a primeira aliança, recebam a promessa da eterna herança aqueles que têm sido chamados.
>
> Hebreus 9.11-15

Visto que Jesus selou a redenção eterna em favor de cada seguidor que o Pai lhe deu (Jo 17.6), os seguidores de Jesus podem achegar-se ao Pai com ousada confiança, não mais separados de seu Criador:

> Tendo, pois, irmãos, intrepidez para entrar no Santo dos Santos, pelo sangue de Jesus, pelo novo e vivo

caminho que ele nos consagrou pelo véu, isto é, pela sua carne, e tendo grande sacerdote sobre a casa de Deus, aproximemo-nos, com sincero coração, em plena certeza de fé, tendo o coração purificado de má consciência e lavado o corpo com água pura.

Hebreus 10.19-22

Jesus roga ao Pai como representante de seus seguidores, e estes são plenamente aceitos como filhos de Deus. Jesus comprou para seus seguidores uma posição correta diante de seu Pai, uma posição da qual somente ele é digno. O plano redentor de Deus para reconciliar seu povo foi realizado, de uma vez por todas, por meio do sacrifício de Jesus (Hb 10.14). Como resultado, pecadores e rebeldes contra Deus são agora adotados como filhos de Deus por meio do sacrifício expiatório e da justiça de Jesus Cristo. Esses crentes em Cristo, comprados por sangue, são agora unidos pela fé em Cristo, são habitados pelo Espírito Santo e se tornaram o corpo de Cristo, a igreja.

Os apóstolos: intercessores em favor da igreja

Jesus trouxe reconciliação plena entre Deus e seu povo redimido. Por isso, a igreja é capaz de apelar a Deus sozinha por intermédio da obra mediadora de Jesus Cristo, que vive agora para fazer intercessão por eles (Hb 7.25). E, quando os apóstolos começaram a estabelecer a igreja, surgiram líderes dentre os que estavam na igreja, que lideraram e pastorearam o povo de Deus em nome do Supremo Pastor (1Pe 5.4). Os apóstolos foram modelos do chamado a um ministério de oração (At 6.4) e, mais tarde, definiram esse papel nas instruções que deram a diferentes igrejas. Quando o apóstolo Paulo deu instruções à igreja, também orou a Deus, baseado na obra mediadora de Cristo, e tornou-se modelo desse padrão de líderes designados por Deus que intercedem em favor da igreja:

> Orando em todo tempo no Espírito e para isto vigiando com toda perseverança e súplica por todos os santos e também por mim; para que me seja dada, no abrir da minha boca, a palavra, para, com intrepidez, fazer conhecido o mistério do evangelho, pelo qual sou embaixador em cadeias, para que, em Cristo, eu seja ousado para falar, como me cumpre fazê-lo.
>
> Efésios 6.18-20

Paulo pediu aos membros da igreja em Éfeso que orassem sempre e em todas as ocasiões, que orassem em favor do povo do Senhor, que orassem em favor dele mesmo e de sua obra de proclamação do evangelho. Paulo escreveu essas palavras sabendo que ali havia pastores (presbíteros) fiéis (At 20.17-38) que seriam, para seu rebanho efésio, modelos de como orar dessa maneira (1Pe 5.3).

Tiago escreveu para cristãos e os exortou a chamarem seus pastores (presbíteros) para que orassem em favor deles:

> Está alguém entre vós sofrendo? Faça oração. Está alguém alegre? Cante louvores. Está alguém entre vós doente? Chame os presbíteros da igreja, e estes façam oração sobre ele, ungindo-o com óleo, em nome do Senhor. E a oração da fé salvará o enfermo, e o Senhor o levantará; e, se houver cometido pecados, ser-lhe-ão perdoados. Confessai, pois, os vossos pecados uns aos outros e orai uns pelos outros, para serdes curados. Muito pode, por sua eficácia, a súplica do justo.
>
> Tiago 5.13-17

Tiago aconselhou os que estavam doentes a chamar seus pastores para que orassem em favor deles. Nesses exemplos, há uma transição à medida que a igreja está sendo estabelecida, uma transição em que os apóstolos são os modelos de oração em favor das igrejas e chamam-nas a um ministério de oração como um aspecto central de sua vida congregacional, um ministério guiado por seus líderes, seus pastores.

Pastores: intercessores por seu povo

O plano e o padrão redentor de Deus levaram ao estabelecimento da igreja, na qual tribos, línguas, povos e nações são transformados por meio do evangelho de Jesus Cristo. Essas pessoas redimidas são trazidas a uma igreja local guiada por líderes biblicamente qualificados que pastoreiam sua alma como representantes do Supremo Pastor, o qual intercede continuamente por seu povo. Aqueles que pastoreiam como representantes do Supremo Pastor (1Pe 5.1-4) e cuidam das almas do povo redimido de Cristo (Hb 13.17) também são chamados a apelar em favor de cada alma confiada ao cuidado deles. Um aspecto essencial de pastorear o povo de Deus é orar com eles e rogar em favor deles diante do Pai. O ministério de oração possibilita o ministério do Espírito e capacita todo o corpo de Cristo a obedecer aos mandamentos da Escritura.

Esse padrão tem sido parte do plano de Deus para redimir seu povo desde o começo. Deus designa líderes para serem intercessores, aqueles que representam as necessidades do povo de Deus. Por meio da obra de Cristo, agora todo crente tem acesso pleno ao trono de Deus. As orações de um pastor não são melhores ou necessariamente mais eficazes. No entanto, os pastores têm a responsabilidade especial de fazer, diligentemente, súplicas por seu povo. O chamado dos pastores é claro, mas é totalmente pela graça. Orar em favor do rebanho é apenas uma parte da obra de ser um pastor fiel.

ORANDO POR SEU REBANHO

A maioria dos pastores afirmaria tudo isso. Não há controvérsia nesse assunto. Sabemos que um aspecto importante de ser um pastor fiel como representante do Supremo Pastor é ter uma ministério de oração regular, suplicando em favor das pessoas de sua congregação. Contudo, a maioria de nós não faz isso. Ou, se o fazemos, dispensamos atenção e tempo mínimos à oração. Ainda não conheci um pastor que pense orar demais. A maioria dos pastores quer crescer nessa área, quer aprender a ser mais fiel em orar regularmente por seu povo. Com isso em mente, apresentamos algumas ferramentas úteis que podem ajudá-lo a estabelecer mais fielmente essa disciplina.

Ore deliberadamente

Pastores são ministros. E as Escrituras nos dizem que prestaremos contas de cada alma que está sob nosso cuidado (Hb 13.17). Mas, apesar disso, ainda tendemos a ser atraídos ou para aqueles com quem amamos estar ou para aqueles que fazem mais barulho e exigem mais nossa atenção. Por isso, alguns dos membros da igreja são involuntariamente ignorados.

Quando vi isso acontecendo em meus primeiros anos de ministério, desenvolvi um sistema deliberado para me lembrar de orar por meu povo. Esse sistema se tornou uma maneira simples e eficaz de cuidar das pessoas e reduzir a negligência involuntária. Criei um guia de oração, um livreto que continha uma lista de cada membro da igreja em ordem alfabética, dividido num gráfico de vinte e oito dias. Esse calendário de oração representa os primeiros vinte e oito dias de cada mês. No dia primeiro, oro em favor de cinco pessoas ou unidades familiares. Depois de orar por eles, tento fazer contato pessoal naquele dia, na forma de uma visita ao lar, do envio de um e-mail, de um cartão escrito à mão, de um telefonema, de uma mensagem na página do Facebook ou de uma mensagem de texto, para lhes informar que orei por eles. No momento de contato pessoal, pergunto se há algo que posso fazer para lhes ser útil. Para aqueles que não vi recentemente, faço costumeiramente um telefonema ou agendo uma visita com eles, a fim de me atualizar e ver como estão passando.

Repito esse processo nos dias seguintes até o vigésimo oitavo dia. Se eu for consistente e fiel nesse processo (o que nunca faço com perfeição), em um mês terei orado por todos os que estão sob meus cuidados e orado por eles. Nos dias extras do mês, faço a mesma coisa com nossos missionários e com outros enviados ao ministério por nossa igreja. Isso se tornou um sistema tão fiel para me manter conectado com os membros de nossa igreja que incentivei nossos outros pastores a usá-lo. Com o passar do tempo, elaborei um guia de oração para os membros de nossa igreja e os encorajei a começar a orar em favor dos demais. Vários de nossos membros adotaram esse modelo e entram em contato com as pessoas no dia em que oram por elas. Temos visto um fruto admirável como resultado! É maravilhoso ver os membros encarando com seriedade a oração, orando pelas necessidades uns dos outros e envolvendo-se no sacerdócio universal de todos os crentes (1Pe 2.9).

Em um dos retiros de mulheres de nossa igreja, um senhora da igreja liderou um projeto de tomar nosso diagrama de oração e transferi-lo para cartões que podem ficar sobre uma mesa na forma de um calendário espiral. A cada manhã, um cartão mostra uma lista de membros em favor dos quais é preciso orar naquele dia. Fizemos o mesmo em nossa casa e, agora, nossos filhos empregam esforço diligente para orar em favor dos nomes indicados a cada dia. Até brigam a respeito de quem conseguirá virar o cartão. Fui encorajado e sou grato pela resposta de nossa igreja de orar uns pelos outros; e bastou apenas apresentar-lhes uma maneira simples e deliberada de realizá-lo. Até que estejamos com o Senhor, jamais conheceremos todas as bênçãos que resultaram desse guia de oração. Criou um sistema de responsabilidade para mim e os demais pastores, ajudando-nos a ter certeza de que estamos orando deliberadamente em favor de cada alma de nosso rebanho.

Alguns pastores me ouviram compartilhar isso e perguntaram: "Você pode fazer isso numa igreja enorme?" Admito que isso não pode ser feito por um único membro da equipe pastoral. Em grandes igrejas, outros têm de pastorear e orar. Mas, depois de servir como parte da equipe pastoral em duas igrejas, cada uma com mais de 1.500 membros, estou convencido de que pastores e líderes podem conhecer cada membro, orar por ele e cuidar dele. É possível haver alguma forma de contato para cada membro a cada mês; isso exige apenas sabedoria e pensamento criativo. O diagrama de vinte e oito dias pode ser usado numa proporção de 1 para 100 em contextos maiores. Em outras palavras, um pastor, presbítero ou membro da equipe pastoral é designado para cada cem membros da igreja. Isso significa menos de cinco pessoas ou famílias pelas quais um pastor deve orar e com as quais deve fazer contato a cada dia. Uma igreja de quinhentos membros precisa apenas de cinco pastores que estejam dispostos a dedicar trinta minutos por dia para fazer isso. Uma igreja de 1.200 membros precisa de 12 pastores para orarem em favor de cada membro da igreja e contatarem-no.

Lembre-se: você não pode falhar nesse tipo de esforço deliberado, apesar do tamanho da igreja. De fato, você precisa reconfigurar a maneira como sua equipe pastoral estabelece e trabalha para realizar essa obra. Mas, se assumirem o compromisso de pastorear cada membro da igreja e orar por eles, garanto que sua alegria aumentará e seu povo se sentirá mais fielmente cuidado por seus pastores (Hb 13.17).

Ore com outras pessoas

Sei, por experiência própria, que a doce voz que chama os pastores a orar por seu rebanho se torna mais audível quando outros estão envolvidos e você tem de prestar contas a eles. Reconheço prontamente que falharia muito mais nessa tarefa, permitindo que outras tarefas exigentes de meu ministério comprimissem a oração, se não contasse com outros pastores responsáveis por mim. Recomendo que você agende mensalmente, ou até semanalmente, períodos em que se reunirá com pastores, diáconos e outros líderes da igreja para orar pelo rebanho. Reserve períodos para que vocês se reúnam unicamente para orar pelas necessidades das pessoas, sem outro compromisso na agenda, mas apenas oração. Você pode começar com um tempo simples de vinte a trinta minutos pela manhã, antes do trabalho ou da escola. Separe um tempo e chame seus líderes e sua igreja a fazerem disso uma prioridade. Você logo saberá quem está realmente preocupado em se reunir com outros para orar.

Outra maneira importante de facilitar a oração com outros a favor do rebanho é usar as reuniões já programadas. Aproveite os primeiros dez a quinze minutos da reunião para orar. Reuniões pastorais, reuniões diaconais, pequenos grupos, reuniões de estagiário pastoral, reuniões da equipe administrativa e reuniões de comissões são grandes oportunidades — e devem ser aproveitadas. Faça mais do que apenas oferecer uma pequena oração de abertura. Envolva outros, orem por necessidades específicas e dedique uma boa parcela do tempo a interceder pela igreja.

Em nossa igreja, os pastores se reúnem uma vez por mês para uma reunião pastoral de quatro horas, num domingo à tarde. Usamos metade do tempo para seguir o guia de oração mencionado e orar em favor de cada pessoa na lista. Sempre há assuntos da igreja que precisam ser discutidos, e tem sido tentador usar parte desse precioso tempo de reunião para discuti-los. Mas sou grato pela responsabilidade de outros pastores que não me permitem ignorar esse tempo de oração. Compartilham a mesma preocupação de dedicarmos um tempo consistente à oração em favor de nosso rebanho.

Ore publicamente

A maioria das igrejas cristãs reserva um tempo para oração em suas reuniões públicas. Mas, infelizmente, muitas dessas orações "públicas" ou são amplas e genéricas ou se concentram em necessidades exteriores à igreja local. Algumas vezes, as orações públicas se tornam nada mais do que uma lista interminável de pedidos que se referem frequentemente a necessidades superficiais. O culto público talvez não seja o tempo apropriado para orar pela recuperação do cachorro da tia Millie, especialmente quando a tia Millie nem é membro da igreja! Quando os pastores negligenciam a oração por necessidades genuínas e urgentes dos membros da igreja durante uma reunião pública semanal, perdem uma grande oportunidade de ser, para os membros da igreja, um modelo de como devemos orar uns pelos outros.

Uma oração pastoral no culto é uma grande oportunidade para orar por essas necessidades específicas. Esse é um tempo de orar por pessoas *específicas* na igreja, em especial pelos enfermos e pelos que sofrem. Assuntos apropriados incluem casamentos recentes, desafios relacionados à paternidade, lutas com o pecado, crescimento em discipulado, oportunidades de evangelização, sabedoria para os líderes da igreja, bênçãos e poder para aqueles que estão saindo para se engajar no ministério ou na obra missionária. Orar publicamente por essas necessidades também informa a congregação sobre o que está acontecendo na vida da igreja. Permite aos pastores serem modelos de como a congregação deve entender espiritualmente essas questões e como podem orar por essas necessidades. Esses assuntos de oração específicos e significativos devem ser escolhidos com sabedoria e cuidado, e talvez você precise, antes de tudo, pedir permissão em alguns casos. E esses não são os únicos assuntos que você pode abordar num culto de adoração. Os assuntos pelos quais oramos publicamente são ressaltados como importantes e valiosos, e, no longo prazo, podem conduzir a um ministério de oração congregacional em favor de toda a igreja.

Também é benéfico os pastores orarem por esforços evangelísticos na comunidade (Cl 4.3), por outras igrejas locais (Ef 1.15-16) e por esforços missionários que são apoiados pela igreja (1Co 16.9). Além de expor as necessidades da comunidade e da missão da igreja, isso instrui os membros da igreja e lhes serve de modelo sobre como orar pelos outros. Pode também lembrá-los das maneiras pelas quais o Senhor quer usá-los para levar o evangelho a outras pessoas. Essas orações públicas podem motivar seu rebanho a se engajar na obra do reino, como sal e luz no mundo. Um pastor que ora por esses assuntos fortalece as mãos de seu povo, na medida em que vão ao mundo para ministrar aos outros.

CONCLUSÃO

Os pastores cristãos receberam um grande dom, ou seja, a capacidade de interceder em favor das necessidades de seu rebanho por intermédio da obra mediadora de Jesus e da presença do Espírito Santo. Como pastores, não somos chamados a ser os intercessores e os mediadores que reconciliam nosso povo com Deus. Essa obra já foi realizada total e plenamente na vida, morte e ressurreição de Jesus Cristo. Jesus reina agora, à direita de Deus, intercedendo por todos os que confiam nele e são transformados pelo evangelho. Nosso chamado é para sermos mordomos dessa intercessão. Como parte de nossa obra como pastores, levamos as necessidades do povo de Deus ao Supremo Pastor. Há uma maneira melhor de pastorear o povo de Deus do que entrar na presença de nosso Pai e suplicar por eles em nome de Jesus?

Responda à doce voz, em seu coração, que o chama a orar. Tenha como prioridade responder a essa voz e criar disciplinas diárias que o capacitem, sistematicamente, a orar por todo o seu povo. Envolva outras pessoas nessa obra, então regozijem-se todos no fato de que têm acesso completo a Deus, por causa da perfeita obra mediadora de nosso Redentor.

PARTE DOIS
FOCO

CAPÍTULO 4
SEJA UM EXEMPLO

> "Ninguém despreze a tua mocidade; pelo contrário, torna-te padrão dos fiéis, na palavra, no procedimento, no amor, na fé, na pureza."
>
> 1 Timóteo 4.12

Por haver servido na equipe pastoral em várias igrejas, vi, com o passar dos anos, diferentes modelos de liderança pastoral. Em uma igreja, o pastor atuava como um presidente de empresa. Nunca visitava os enfermos ou as viúvas. Não redigia seus sermões e tinha dois assistentes, em tempo integral, para fazer isso por ele a cada semana. Infelizmente, ele não prestava contas a outros líderes. Logo percebi que ele não era um exemplo que eu deveria imitar. Outros da equipe pastoral eram apaixonados por sua liderança e aspiravam ser como ele. Acreditavam que ele atingira o pináculo do sucesso como pastor e queriam ter o que ele tinha.

Felizmente, um pastor de outra igreja começou a investir em mim a distância. Ele se reunia comigo e me ensinava o que é um pastor e o que ele deve fazer. Ensinou-me o que a Bíblia diz sobre a igreja local e como seguir a saúde genuína dentro da igreja. Ele me ensinou que Deus tem um propósito para sua igreja e seus pastores. Também me lembrou a necessidade de prestar atenção à minha própria vida. Trabalhando em minha igreja, eu via um exemplo claro de liderança pastoral, mas não era uma liderança que eu podia admirar. Ao mesmo tempo, aprendi, a distância, um modelo totalmente diferente de identidade e liderança pastoral. Compreendi que estava numa encruzilhada. As escolhas que eu fizesse naquele momento determinariam meu chamado futuro.

Os exemplos que temos diante de nós podem exercer enorme influência na forma como pensamos e vivemos. Quer sejam bons, quer sejam maus exemplos, eles nos moldam no que nos tornamos. Isso é verdade em relação a pais que criam filhos, a chefes no modo como tratam seus empregados e a líderes e pastores na igreja, aqueles que são chamados a pastorear o povo de Deus. Essa é uma das razões pelas quais Paulo exortou seus jovens discípulos de ministério, Tito e Timóteo, a compreender quão essencial era o fato de se tornarem exemplos para outros pastores seguirem. Paulo também os exortou a serem exemplos para o rebanho.

E isso também é verdadeiro em relação a nós. Todo pastor é um exemplo — bom ou mau — para outros pastores e para seu próprio rebanho. Do que somos exemplos para os outros? Que tipo de exemplo você é?

PASTOR, SEJA UM EXEMPLO

A vida de pastores fiéis e piedosos, ou a ausência dessa vida, determinará o tom para toda a igreja em que servem. Essa é uma das razões para Paulo ter definido características claras e específicas que todo pastor deve apresentar para se qualificar para o ofício (1Tm 3.1-7). No entanto, Paulo não é o único que fala sobre essa necessidade no Novo Testamento. Outros apóstolos também enfatizam isso e exortam os pastores a serem um exemplo para os outros cristãos.

Seja um exemplo piedoso

Paulo aconselha Timóteo, um pastor jovem e inexperiente, a ser um exemplo para os outros crentes, ressaltando áreas específicas: "Ninguém despreze a tua mocidade; pelo contrário, torna-te padrão dos fiéis, na palavra, no procedimento, no amor, na fé, na pureza" (1Tm 4.12).

Quando a vida e o ministério de Paulo estavam chegando ao fim, ele não estava preocupado com idade ou experiência. A juventude de Timóteo tornava ainda mais importante enfatizar que ele se assegurasse de ser um "padrão dos fiéis". Paulo sabia que as ovelhas olhavam para seu pastor. Quer o pastor seja um exemplo fiel e piedoso, quer não, ele terá, de uma maneira ou de outra, impacto profundo em suas ovelhas.

Paulo oferece alguns detalhes em áreas específicas que devem evidenciar a transformação operada pelo evangelho. Timóteo deve ser um exemplo no falar, na conduta, no amor, na fé e na pureza. Paulo está exortando Timóteo a ser um exemplo para os outros no que ele fala, na forma como age e nas realidades espirituais que motivam seu falar e suas ações.

Seja um exemplo humilde

O apóstolo Paulo também lembra aos pastores que eles são exemplos uns para os outros. Numa enxurrada de palavras dirigidas a seus colegas pastores, Pedro ressalta a importância de ser um exemplo que outros devem seguir:

> Pastoreai o rebanho de Deus que há entre vós, não por constrangimento, mas espontaneamente, como Deus quer; nem por sórdida ganância, mas de boa vontade; nem como dominadores dos que vos foram confiados, antes, tornando-vos modelos do rebanho.
> 1 Pedro 5.2-3

Pedro traz à luz a necessidade de um pastor ser um exemplo de *serviço humilde e honesto*. Mostra o que significa ser um bom exemplo ao contrastá-lo com vários maus exemplos de liderança. Há pastores que desejam sinceramente cuidar do rebanho de Cristo, mas, infelizmente, há também pastores que agem sob um narcisismo desonesto, compulsório e egoísta, como experimentei em meus primeiros anos de ministério. A verdade sincera é que nenhum pastor é um exemplo completamente fiel. Todo pastor necessita constantemente de purificação no sangue de Cristo. Mas isso não isenta os pastores de responsabilidade por seu comportamento. Paulo e Pedro são claros: a santificação de um pastor deve ser o exemplo para a busca de santidade de outros.

Lembre os bons exemplos

Em Hebreus 13, o autor exorta seus leitores a andarem de maneiras diferentes que demonstrarão o fato de estarem perseverando na fé em Jesus. Ele resume uma lista de exortações com estas palavras solenes: "Lembrai-vos dos vossos guias, os quais vos pregaram a palavra de Deus; e, considerando atentamente o fim da sua vida, imitai a fé que tiveram" (Hb 13.7).

Nunca esqueço uma conversa que tive com um de meus orientadores pastorais, tarde da noite. Estava me aproximando do término do processo de avaliação com a igreja da qual me tornaria o pastor sênior; e eles me haviam convidado para pregar. Meu orientador me fez uma série de perguntas perspicazes e, depois, houve um momento em que ele resumiu tudo com uma palavra de bênção: "Bem, confirmei seus dons. Eu lhe ensinei tudo que sei. Vá pastorear aquela igreja e saiba que estarei orando por você".

Foram palavras simples, mas havia muita coisa envolvida no que ele me disse naquele dia. A mensagem não falada por trás de tudo que ele disse era: *ensinei e investi em você; e estou contando com você para, com a ajuda de Deus, ser um bom e fiel mordomo do que lhe foi ensinado.* Penso regularmente naquela ocasião e lembro-me dessas palavras. Elas me encorajam e me inspiram a ser fiel como líder e seguidor de Jesus Cristo. Nunca devemos esquecer que, como pastores, estamos onde estamos hoje porque, em primeiro lugar, alguém nos falou a Palavra de Deus, nos ensinou e investiu em nós. Agora, estamos em posição privilegiada como pregadores da Palavra de Deus e pastores do povo de Deus para fazer a mesma coisa na vida de outras pessoas.

Os líderes aos quais o autor de Hebreus está se referindo falaram a Palavra de Deus com suas palavras e obras. Uma razão pela qual o escritor é tão inexorável em que lembrem o exemplo de seus líderes é que a vida santa e a fé perseverante mostradas por esses líderes afirmavam a verdade do evangelho que pregavam. Isso implica fortemente que, se esses crentes rejeitassem sua fé em Cristo, estariam também rejeitando aqueles que os lideravam muito bem, que lhes comunicavam fielmente a Palavra de Deus e viviam poderosamente essa Palavra diante deles. A mensagem e o mensageiro estão intimamente ligados.

Essas passagens também implicam um relacionamento *pessoal*: o pastor conhece o povo que ele está guiando. Hoje, uma tendência comum, especialmente entre pastores jovens, é idolatrarem pastores famosos e populares como um substituto para a mentoria personalizada. Pastores ouvem seus sermões, leem seus livros e os ouvem em conferências. E, embora a influência desses pastores famosos possa ser boa e, de algumas maneiras, proveitosa, não deve substituir a interação com um orientador pastoral de carne e osso que conhece nossa vida e ministério, e pode nos instruir em relação ao ministério. Todo pastor precisa de alguém com quem possa ser honesto, um exemplo que possa seguir.

VOCÊ É O EXEMPLO AGORA!

Considere novamente esta exortação: "Lembrai-vos dos vossos guias, os quais vos pregaram a palavra de Deus; e, considerando atentamente o fim da sua vida, imitai a fé que tiveram" (Hb 13.7).

Os pastores estão em dívida para com aqueles que os instruíram, investiram neles e os ajudaram, ao guiá-los até onde estão hoje em sua vida e em seu ministério. Pastores honram o investimento que seus orientadores fizeram neles quando pastoreiam fielmente outras pessoas. Ao mesmo tempo, devemos reconhecer que ninguém pode fazer isso em seu próprio poder. Viver de maneira piedosa e fiel é o resultado da graça de Deus operando por meio do poder transformador do evangelho. Grandes dons e capacidades nem sempre levarão a um exemplo piedoso. Somente o poder do evangelho agindo no coração realizará essa obra. Somente o evangelho, aplicado à nossa vida diariamente, pode tornar-nos o exemplo que nosso povo precisa ver.

Embora devamos reconhecer que o viver de maneira piedosa e o ser um exemplo fiel para os outros vêm somente pelo poder de Cristo operando em cada um de nós, posso pensar em várias maneiras práticas de crescermos como um exemplo para os outros. Algumas exigem persistência; outras demandam o reordenamento de prioridades. Mas creio que você verá os benefícios de longo prazo.

Honre seus heróis de ministério

É proveitoso que os pastores lembrem o impacto das pessoas que investiram neles, que lhes falaram a Palavra de Deus e os ensinaram sobre o ministério. Lembro-me de haver recebido, bem cedo numa manhã fria de novembro, um telefonema com a triste notícia de que meu querido amigo e mentor pastoral, Jackson, morrera numa colisão com um motorista bêbado. Jackson e eu tínhamos uma amizade muito especial. Jackson plantara a Dayspring Fellowship Church e a pastoreava havia mais de trinta anos. Ele era um modelo de fidelidade, perseverança e amor resoluto por aquele rebanho. Eu sempre dizia aos outros que Jackson era o homem que eu queria ser quando crescesse. Ele estabeleceu para mim o padrão do tipo de pastor que eu desejava ser.

Minha última conversa com Jackson acontecera um mês antes de ele morrer. Eu estava seguindo para realizar o funeral de uma senhora querida de nossa igreja, uma senhora que estava a três meses de completar 107 anos. Telefonei para Jacson apenas para dizer "olá" e ouvir de novo sua voz. Em geral, eu pedia um conselho e uma sugestão, mas dessa vez, por alguma razão, senti que deveria telefonar-lhe, saber como estava e agradecer-lhe por ser meu amigo e orientador.

Eu lhe disse: "Jackson, não tenho nenhuma situação difícil agora a mencionar para você; também não estou buscando conselho. Queria apenas saber como você está e como está indo a recuperação da cirurgia de Bárbara. Também queria dizer que sou muito grato por você e por tudo que fez para me ensinar e investir em mim. Você me impactou como homem, marido, pai e pastor muito mais do que você possa saber. Você e seu exemplo pastoral são um dom de Deus. Obrigado por sua amizade e por tudo que tem feito!"

Olhando para trás, vejo a bondade de Deus em me levar a fazer aquele telefonema. Nosso Deus bondoso e soberano, que enumera nossos dias antes mesmo que vivamos qualquer deles (Sl 139.16), sabia o que eu não sabia: aquela era minha última conversa com Jackson deste lado da eternidade. Pensar nessa conversa com Jackson e nos eventos posteriores é uma grande motivação para me lembrar continuamente de outros que foram um exemplo para mim e separar tempo regularmente para honrá-los. Não é difícil contatá-los por telefone ou enviar-lhes um e-mail e dizer obrigado. Encorajo você a fazer isso hoje para quem estiver em sua mente agora. Você não se arrependerá!

A carta aos Hebreus nos ordena a *lembrar* aqueles que nos lideraram, aqueles que nos transmitiram a Palavra de Deus. Sempre que você lembrar, contate-os logo, honre-os de alguma maneira e agradeça a Deus por colocar essas pessoas (um parente, um pastor, um mestre ou um amigo fiel) como uma extensão de seu cuidado soberano por você. Esses homens e mulheres foram colocados por Deus em sua vida para ajudá-lo a perseverar na fé em Jesus. Deus os usou para levá-lo aonde você está hoje e prepará-lo para o ministério ao qual você foi chamado. Lembre-se deles e dê graças.

Gaste tempo com seu povo

Não podemos ser um exemplo para os outros se não gastamos nosso tempo com eles. Cada vez mais, ouço falar de pastores jovens que estão adotando um modelo de ministério em que dedicam quarenta horas por semana ao seu escritório, delegando coisas como visitação e discipulado a seus diáconos e a outros líderes da igreja. Vejo muitos problemas nessa maneira de lidar com o ministério pastoral, mas um problema óbvio é a falta de tempo gasto com as pessoas da igreja. Como um pastor pode dar um exemplo para seu povo se o vê apenas uma vez por semana? Certamente, um pastor deve preparar-se para pregar a Palavra, mas a Palavra deve ser ministrada tanto pública como particularmente. Um pastor realiza isso com mais eficácia quando vai aonde seu povo está e gasta tempo com eles. Onde estão as pessoas de sua igreja durante a semana? Talvez você queira encontrar-se com um jovem profissional no local de trabalho dele, ou visitar uma idosa no lar dela e ajudá-la no trabalho do jardim, ou convidar um jovem casal ao seu lar para conversarem sobre os desafios e as alegrias do casamento e da criação de uma família. Permita que vejam o exemplo de sua própria família quando começam a estabelecer a deles mesmos. O pastor deve dedicar tempo às suas ovelhas, se quer ser o exemplo que Deus o chama a ser.

Pare de apresentar desculpas

Bem cedo em meu treinamento para o ministério, aprendi a apresentar desculpas quando não conseguia fazer meu trabalho. Aos 20 anos, atuei em minha primeira função numa equipe pastoral, e meu supervisor de ministério me disse: "Escute. Você é jovem, por isso ninguém o levará a sério. Faça o melhor que puder e, um dia, você poderá ser respeitado, ouvido e causar impacto real sobre as pessoas". Mas essas palavras são contrárias à sabedoria do apóstolo Paulo, que encorajou o jovem Timóteo, dizendo: "Ninguém despreze a tua mocidade; pelo contrário, torna-te padrão dos fiéis, na palavra, no procedimento, no amor, na fé, na pureza" (1Tm 4.12). Paulo exortou Timóteo a ser um padrão e se opor às parcas expectativas dos outros. Se você enfrentar desafios e dificuldades no ministério, se as pessoas não o ouvirem, nem o levarem a sério, não tenha piedade de si mesmo. Procure vencer os obstáculos. Em meus primeiros anos, eu poderia ter usado facilmente as palavras de meu supervisor como uma licença para relaxar em meu trabalho e tomar o caminho mais fácil.

Ser jovem é apenas uma desculpa que tenho ouvido pastores apresentarem. Todos nós tendemos a nos evadir da responsabilidade de ser exemplo para nossa família e para nosso rebanho. Pode ser que não digamos realmente: "Façam como eu digo, não como eu faço". Mas é essa atitude pecaminosa que comunicamos quando não somos diligentes em atentarmos a nós mesmos. As desculpas nos tornam vítimas e nos absolvem de responsabilidade. Elas nos tentam a parar de lutar contra o pecado como deveríamos. As desculpas podem até nos tornar críticos dos outros, levando-nos a culpá-los por nossos fracassos ou desapontamentos. Começamos a abaixar o padrão bíblico colocado diante de nós. Os pastores não são imunes a isso; somos inclinados a apresentar desculpas, como todas as pessoas.

Não se esquive de seu chamado bíblico para ser um exemplo para o rebanho. Sim, você é um pecador e não é perfeito. Deus sabe que pastores precisam do sangue purificador de Jesus e das boas-novas do que Jesus fez, como todos os outros cristãos. Mas também sabemos que Deus estabeleceu um padrão mais elevado para líderes. Nossa aceitação diante de Deus já foi plenamente realizada por nós em Cristo. Portanto, procure ser um exemplo para os outros em *liberdade*, sabendo que Cristo já satisfez o padrão que você nunca poderia satisfazer. Agora você está vestido com a justiça de Cristo. Ande humildemente nessa justiça, reconhecendo seu pecado e suas fraquezas como líder, e sendo um exemplo cheio de esperança para seu povo. O principal exemplo que damos ao nosso povo é mostrar-lhe que, como pastores, vivemos e respiramos o próprio evangelho.

Reconheça suas fraquezas

Andar na verdade do evangelho exigirá humildade para admitir quando somos fortes e reconhecer nossos erros e pecados contra os outros. Paulo apresenta várias características que devem ser evidentes na vida de um pastor (1Tm 3.1-7). E, embora ser cordial, amável e gracioso para com os outros seja uma maneira de dar exemplo, um pastor também serve como modelo do evangelho quando, por sua transparência humilde, deixa de exemplificar essas qualidades. Podemos argumentar que o melhor exemplo que um pastor pode dar à sua família e ao seu rebanho é por quebrantamento e autenticidade. Digo isso porque essa é, frequentemente, uma das coisas mais difíceis para fazer como pastor e líder. Não é fácil compartilhar uma história que nos incrimina e dar um exemplo negativo a respeito de você mesmo num sermão; e, sem dúvida, você precisa de sabedoria quando compartilha os detalhes. Ao mesmo tempo, descobri que, ao oferecer vislumbres de meus próprios fracassos, meu povo é capaz de se conectar comigo de maneira especial. Pessoas sobre as quais não tenho ouvido por algum tempo aparecem e querem conversar. Outras querem reunir-se comigo noutra ocasião, durante a semana, para oração e conselho. A fraqueza é mais cativante do que pensamos.

Naturalmente, seu povo colocará você num pedestal e o tratará como um cristão "especial", acima da média, até que você destrua, de forma espontânea e corajosa, esse tratamento reverente diante de seu rebanho. Quando você faz isso e lhes mostra que também luta com o pecado, como eles o fazem, seu povo começará a se conectar com você de um modo especial. E começarão a entender que seu pastor é tão fraco e tão necessitado da graça de Deus quanto eles o são. Ser um exemplo para sua família e seu rebanho não significa fazer tudo certo e nunca cometer erros. Sua família e sua igreja sabem que você é um pecador, mesmo que você nunca reconheça isso. Você não faz tudo certo sempre. Aceite isso, reconheça e seja um modelo de quebrantamento humilde e transparente diante de seu povo, a fim de estabelecer um exemplo do que é andar na graça de Deus. Dependa da graça de Deus e mostre aos outros como descansar na misericórdia de Deus em Cristo.

Incentive seu povo a imitá-lo

De toda a orientação que tenho dado até aqui neste capítulo, essa pode ser a mais difícil para pastores contemporâneos. Outra vez, lembre-se de que o autor de Hebreus exorta os cristãos a olharem para seus líderes e, "considerando atentamente o fim da sua vida", imitarem a fé que tiveram (Hb 13.7). Os pastores devem ser tão conscientes de seus próprios pecados, lutas e fraquezas que cheguem a tremer diante do pensamento de falar ao seu povo: "Façam o que eu faço. Falem o que eu falo. Imitem a minha fé". Mas isso é exatamente o que a Bíblia chama os pastores a fazer. Os pastores não devem apenas falar a Palavra de Deus; devem também ser modelos da Palavra, de uma maneira que possam dizer sinceramente a outras pessoas: "Sigam-me". Quando um pastor fala com ousadia a Palavra de Deus, deve viver diligentemente o que fala, para que outros o imitem.

Certa vez, tive o privilégio de ouvir o pastor Al Martin falar a um grupo de pastores. Ele disse algo que me afetou profundamente. Falou algo a respeito de ser um exemplo para o rebanho: "O que membros de sua igreja fazem quando um não cristão entra e lhes pergunta como um homem cristão deve tratar sua esposa? Você sabe o que eles devem fazer? Devem apontar para você, o pastor deles, e dizer: 'Observe-o. Ele é nosso pastor. Você precisa observar a maneira como ele trata carinhosa, sacrificial e amorosamente a mulher com quem se casou'".

Esta é nossa responsabilidade como pastores: que, pela graça de Deus, possamos pastorear nosso povo como pecadores que foram mudados pelo evangelho e chamados pelo Supremo Pastor. Não somos perfeitos em fazer isso, mas podemos ser fiéis.

CONCLUSÃO

Jackson Boyett, o querido amigo e orientador que mencionei, treinou, discipulou e investiu em dois homens que, no devido tempo, foram para um seminário local. Posteriormente, esses homens se tornaram parte de nossa igreja. Depois de vários anos de serviço fiel em nossa igreja, um deles assumiu uma função de pastor auxiliar noutra igreja, e o outro saiu para se tornar o sucessor de Jackson em Dayspring. Um mês antes de partirem, tive a oportunidade de almoçar com eles e dizer-lhes quanta alegria tive em servir com eles e investir na vida deles. Eu os encorajei a continuar a obra que Jackson começara e me entregara. Disse-lhes que Jackson não estava ali para lhes dar uma exortação de despedida e que eu faria isso no lugar dele. Li Hebreus 13.7 e disse: "Visto que agora vocês vão pastorear o povo de Deus em seu próprio rebanho, lembrem-se daqueles que guiaram vocês, que lhes falaram a Palavra de Deus; e, ao considerarem o resultado do comportamento deles, imitem a fé que tiveram".

Você tem uma honra extraordinária: não somente é beneficiário do exemplo de outros (aqueles que o guiaram fielmente, falaram-lhe a Palavra de Deus e viveram poderosamente essa palavra com você), como também desfruta agora a oportunidade de fazer o mesmo com aqueles que estão sob seus cuidados. Todo pastor tem o dever de ser um exemplo, um exemplo que foi modelado por outros. Que a força desse argumento encoraje-o à medida que você for se agarrando às boas-novas do evangelho, não oprimindo-o com expectativas às quais jamais poderá satisfazer, mas impelindo-o a um ministério fiel e constante, enquanto você é um modelo de como voltar-se para a cruz quando falha em ser um exemplo perfeito para os outros.

CAPÍTULO 5
VISITE OS ENFERMOS

"Estava nu, e me vestistes; enfermo, e me visitastes; preso, e fostes ver-me."

Mateus 25.36

Um dos aspectos essenciais do ministério pastoral está se tornando cada vez mais obsoleto em nossos dias.[10] Percebo que muitos pastores ignoram ou negligenciam sua responsabilidade de cuidar de ovelhas que sofrem de enfermidade, dores, doença e outras formas de males físicos. Durante séculos, o ministério de um pastor era marcado pelo cuidado individual da alma nos momentos cruciais e providenciais da vida das pessoas. E o sofrimento causado pela enfermidade é um desses momentos. Hoje, alguns da geração mais nova de pastores preferem especializar-se num ministério

---

10 Este capítulo resume o conteúdo publicado originalmente em Brian Croft, *Visit the Sick* (Grand Rapids: Zondervan, 2014).

específico, como pregação ou liderança, e deixam o cuidado dos enfermos a cargo de outras pessoas. Não creio que essa forma de especialização seja boa ou bíblica. E, neste capítulo, espero convencer os mais ocupados dos pastores de que cuidar dos enfermos ainda é uma das prioridades cruciais do ministério pastoral.

O CHAMADO BÍBLICO PARA OS ENFERMOS

Biblicamente, é claro que Deus chama os pastores a cuidarem dos enfermos e aflitos. Isso não está apenas arraigado em várias passagens importantes; está entretecido em toda a Bíblia, sendo ressaltado por dois temas: (1) Deus é soberano sobre a enfermidade e a cura; (2) Deus chama seu povo a cuidar dos necessitados e aflitos.

A criação e a queda

A Bíblia inicia sua narrativa histórica com um mundo que, hoje, nos é estranho. Deus criou os céus, a terra e todas as criaturas viventes (Gn 1–2). Também criou o homem e a mulher à sua imagem (Gn 1.27) e viu que tudo que criara era muito bom (Gn 1.31). Deus colocou o homem e a mulher no jardim do Éden, onde deveriam governar a criação divina, ser frutíferos e aumentar em número. Nesse mundo, havia também a ausência de enfermidade, dores, doença, sofrimento e aflição. Nenhum câncer vitimava corpos humanos.

Nenhuma dor, nenhuma ferida afligia o corpo. Nenhuma doença precisava de cura; nenhuma enfermidade precisava ser curada. Acima de tudo, não havia morte. Tudo era bom, perfeito e correto, como Deus pretendia para sua criação.

No entanto, o mundo de Gênesis 1 e 2 não é o mundo em que vivemos hoje. A realidade da vida hoje é que algo está realmente errado com o mundo e com aqueles que foram feitos à imagem de Deus. De acordo com Gênesis 3, Adão e Eva pecaram por desobedecerem à Palavra de Deus, ao comerem da árvore do conhecimento do bem e do mal (v. 6). Como resultado, a maldição de morte veio sobre eles e sobre toda a criação, como Deus advertira. Naquele dia, o pecado, com todas as suas ramificações, entrou no mundo. Adão e Eva foram removidos do jardim e da árvore da vida, cujos frutos garantiriam a vida eterna (v. 22). Em consequência, o homem não somente sofreria a morte, mas também os efeitos da morte, como envelhecimento, dores e sofrimento.

Enfermidade e doença são parte da maldição resultante do pecado. Hoje, temos muitas explicações sobre o que é doença e como chegou a existir. A Bíblia, porém, simplifica um tópico complicado. Enfermidade, doença, dor, sofrimento, aflição e morte são evidências inegáveis da queda da humanidade. A partir desse ponto na história bíblica, a necessidade desesperada de redenção começa a existir. De imediato, a narrativa revela que somente um Deus soberano e eterno pode intervir para salvar a criação dessa maldição. Portanto, a esperança do evangelho, que inclui a promessa de ressurreição física, começa a se desdobrar numa obra gloriosa de redenção que culminará na morte e ressurreição de Jesus.

A vida de Israel

Deus decidiu redimir a humanidade por meio de uma nação escolhida que seria seu povo entre todas as outras nações da terra. Essa nação foi prometida a Abraão (Gn 12) por meio de um filho (Isaque), que ainda nasceria (Gn 21). Desse filho, a nação de Israel (os descendentes de Jacó, o filho de Isaque) teria início. Por meio de José, o neto de Isaque, a nação de Israel se estabeleceu no Egito, onde se multiplicou grandemente (Êx 1.7), mas, depois, tornou-se escravizada aos egípcios. Entretanto, centenas de anos antes dessa escravidão, Deus prometeu que os libertaria de sua opressão e julgaria a nação que os tornara cativos (Gn 15.13-14). Nos eventos desse livramento, Deus usaria a enfermidade e a doença para seus propósitos e sua glória. Isso pode ser visto nos julgamentos contra Faraó (Êx 9.11) e na proteção de Deus sobre Israel (Êx 15.26). Esse tema é ressaltado na promessa da antiga aliança, na qual Deus prometeu bênção por obediência e maldições por desobediência (Dt 28–29).

A evidência dos propósitos de Deus em enfermidade e doença continua em julgamento e cura quando Israel entra na Terra Prometida e reis humanos começam a governar sobre eles. Deus faz o filho do rei Davi adoecer e morrer por causa do adultério de Davi (2Sm 12.14-18). O rei Asa adoece dos pés. Embora sua doença seja grave, ele procura a ajuda de médicos, e não a ajuda do Senhor, e morre (2Cr 16.12-13). Mas a poderosa mão de Deus traz cura ao rei Ezequias, que está mortalmente enfermo e fora informado de que morreria (2Rs 20.1-11). Deus cura um menino por meio de Elias, como resultado do apelo da mãe ao Senhor (1Rs 17.17-24). Em meio a julgamento sobre a desobediência, Deus também mostra sua bondade.

Em seu desdobramento da história para prover redenção, Deus também revela o chamado de seu povo para cuidar daqueles que sofrem a aflição de enfermidade e doença. Por meio do profeta Ezequiel, Deus repreende os pastores de Israel por negligenciarem seu rebanho, o que fizeram de várias maneiras, inclusive deixando de cuidar dos enfermos. Ezequiel escreveu: "A fraca não fortalecestes, a doente não curastes, a quebrada não ligastes, a desgarrada não tornastes a trazer e a perdida não buscastes; mas dominais sobre elas com rigor e dureza" (Ez 34.4). A negligência dos pastores em cuidar dos doentes levará naturalmente a que outras pessoas também os negligenciem.

Em toda a história de Israel, Deus usa enfermidade, doença e aflição como um desígnio divino para cumprir seus propósitos. Os profetas concluem que o povo de Deus é desobediente, está espalhado e desolado, mas o encorajam a aguardar a esperança do redentor e curador prometido. Apesar dessa história trágica do povo de Deus, Deus é fiel à aliança que fez com seu povo para enviar um redentor e instaurar o reino de Deus.

A vida de Cristo

Depois de muitos anos de silêncio, Deus irrompe o sofrimento e o desespero com uma voz clamando no deserto a fim de preparar o caminho do Senhor (Mc 1.3). Em todo o seu relato, Marcos mostra a evidência de que Jesus veio na autoridade de Deus como o Filho de Deus (Mc 1.1). E uma evidência primária desse reino vindouro nele é sua autoridade sobre enfermidades, doenças e morte. Todos os escritores dos evangelhos lembram ao leitor essa realidade num padrão de resumo constante: "E a sua fama correu por toda a Síria; trouxeram-lhe, então, todos os doentes, acometidos de várias enfermidades e tormentos: endemoninhados, lunáticos e paralíticos. E ele os curou" (Mt 4.24). Jesus curou muitos e, assim, cumpriu as palavras dos profetas.

Essa evidência da autoridade de Jesus e do reino vindouro é percebida com mais clareza na ressurreição de mortos que Jesus realizou. Ele ressuscitou a filhinha de um chefe de sinagoga (Mc 5.41-42). Ressuscitou Lázaro depois de ele ficar dias no sepulcro (Jo 11.43-44). Em última análise, as ressurreições que Jesus realizou deviam apontar para sua própria ressurreição física, três dias depois de morrer na cruz. Na ressurreição do próprio Messias, seus seguidores recebem não somente a promessa da vida eterna por meio de arrependimento e fé nele; recebem também a promessa de uma ressurreição física no último dia: "Porque, se fomos unidos com ele na semelhança da sua morte, certamente o seremos também na semelhança da sua ressurreição" (Rm 6.5). Nessa ressurreição, seus seguidores têm a promessa de ser cidadãos do reino eterno de Deus.

O poder soberano de Deus sobre enfermidade e doença na autoridade de Jesus é inegável nos relatos dos evangelhos. Também presente nos evangelhos, está o chamado que Jesus dirige a seus seguidores para que cuidem dos que são afligidos. O exemplo mais claro está em Mateus 25, passagem em que Jesus ensina a seus discípulos uma parábola sobre viver no reino ao cuidar dos outros em seu nome: "Porque tive fome, e me destes de comer; tive sede, e me destes de beber; era forasteiro, e me hospedastes; estava nu, e me vestistes; enfermo, e me visitastes; preso, e fostes ver-me" (vv. 35-36). Jesus ensina poderosamente que os súditos do reino cuidaram dele naqueles momentos em que cuidaram do menor desses irmãos (v. 40). Ele termina esse ensino com uma palavra sobre o julgamento que virá sobre os ímpios que não cuidaram dele, conforme é evidenciado por sua negligência em cuidar dos outros (vv. 41-46).

Jesus instaura o reino de Deus, e uma evidência fundamental de que a redenção chegou é que os cegos veem, os coxos andam, os surdos ouvem, os doentes e os enfermos são curados, e os mortos são ressuscitados. Deus planejou que seu povo cuide uns dos outros como um poderosa representação de sua compaixão para com os fracos e necessitados. À medida que a narrativa vai-se desdobrando, essas evidências gloriosas do reino de Deus são vistas também no nascimento e na vida da igreja de Cristo.

A vida da igreja

Quando Jesus enviou seus discípulos, ordenou-lhes: "Curai enfermos, ressuscitai mortos, purificai leprosos, expeli demônios" (Mt 10.8). Esses mandamentos chegam ao seu cumprimento quando a igreja recebe poder no dia de Pentecostes (At 2), e os apóstolos saem para ser testemunhas de Cristo para o mundo (At 1.8). Por meio dos apóstolos, encontramos demonstrações do poder soberano de Deus para julgar, bem como para curar, de acordo com seus propósitos. Ananias e Safira receberam julgamento divino de morte porque mentiram sobre a entrega aos apóstolos de todo o dinheiro da venda de sua propriedade (At 5.1-11). Deus também cura por compaixão Tabita e aqueles que a amavam. E, quando ela fica doente e morre, Pedro ressuscita-a dos mortos (At 9.36-43).

Nas epístolas, vemos propósitos soberanos e redentores de Deus na enfermidade e no sofrimento. Paulo tinha um espinho na carne para que o poder de Cristo fosse poderosamente manifestado em sua fraqueza (2Co 12.8-9). A doença e a morte foram usadas como meios para advertir a igreja sobre abusos na Ceia do Senhor (1Co 11.27-30). Pedro exortou os cristãos que sofrem de acordo com a vontade de Deus a verem isso como o momento de confiarem sua alma ao fiel Criador (1Pe 4.19). O soberano Deus do universo tem usado enfermidade, doença, dor e sofrimento como uma maneira de santificar seu povo do reino e magnificar o valor de Cristo.

Há também o chamado para aqueles da igreja que cuidam sacrificialmente dos aflitos para que cumpram esses propósitos redentores. Um exemplo poderoso desse chamado está no livro de Atos, quando os cristãos vendem suas propriedades e trazem a renda aos apóstolos para ser usada a fim de servir aos que estavam em necessidade (At 4.34-37). Paulo se refere à doença de Epafrodito quando escreve à igreja de Filipos; e, nesse assunto, há cuidado e interesse evidentes tanto de Paulo como da igreja (Fp 2.25-27). Tiago exorta os cristãos a que chamem os presbíteros para orar pelos enfermos

(Tg 5.14). João ora que cristãos gozem de boa "saúde" e tudo corra bem com eles (3Jo 2). Nesses exemplos, os cristãos mostram simpatia para com os enfermos e necessitados. O chamado de ação sacrificial recíproca existe para os cristãos. Precisamos, portanto, confiar que o plano soberano de Deus se realizará na enfermidade. O cristão individual e a igreja local são chamados a cuidar daqueles na igreja que estão doentes, feridos, aflitos e sofrendo, até que Jesus retorne para sua igreja e traga a consumação de seu reino.

Nova criação

Um dia, o desdobramento do plano redentor de Deus para toda a criação chegará ao final. O destino para aqueles que seguem a Cristo não é uma existência sem corpo após a morte. Quando Jesus retornar, ele virá para sua noiva, julgará as nações, punirá os ímpios e consumará seu reino no novo céu e na nova terra. Esse estado é conhecido como a nova criação, em que a maldição do pecado será completa e permanentemente revertida. Ali, o povo do reino de Deus experimentará não somente ressurreição física, mas também comunhão eterna com Jesus, nosso Salvador e Rei.

Uma maravilhosa esperança contida nessa promessa vindoura é que teremos corpos fisicamente sadios, livres de maldição. Em outras palavras, não haverá mais doença, enfermidade, dor, sofrimento, aflição e morte

(Ap 20.14). João nos oferece um retrato vívido no livro de Apocalipse: "E lhes enxugará dos olhos toda lágrima, e a morte já não existirá, já não haverá luto, nem pranto, nem dor" (Ap 21.4). Numa visão reminiscente do Éden (Gn 2), João também fala de um rio localizado centralmente e de uma árvore da vida, cujas folhas são para a cura das nações (Ap 22.1-2). A maldição foi revertida, e aqueles que pertencem ao reino de Deus, por meio da cruz de Cristo, experimentarão o que Deus tencionava no jardim do Éden.

Entender esse desdobramento da história bíblica é essencial não somente para compreender o desígnio e o plano de Deus para sua criação, mas também para entender o propósito eterno de Deus na realidade de enfermidade, doença, dor e aflição no mundo. Quando nós, pastores, procuramos visitar os doentes e aflitos em nossas igrejas e cuidar deles, é essencial que não somente lembremos o plano de Deus na enfermidade, mas que também confessemos que um Deus soberano governa tudo e está trabalhando para o bem de seu povo (Rm 8.28). Essa realidade bíblica nos guiará quando procuramos ministrar graça e nos capacitará a considerar como podemos cuidar melhor daqueles que visitamos.

O QUE FAZER AO VISITAR OS ENFERMOS

As Escrituras são inegavelmente claras sobre os propósitos de um Deus soberano na história de redenção para usar enfermidade, doença e aflição na vida de seu povo, para cumprir seus propósitos redentores, para sua própria glória. Mas a Bíblia não é clara a respeito de como devemos praticar esses princípios bíblicos na vida cotidiana de nosso contexto específico. Eis algumas ferramentas práticas que podem ajudar pastores e outros em seu esforço de colocar em prática esses imperativos bíblicos de maneiras que sejam tanto proveitosos como eficazes ao cuidarem dos enfermos em sua congregação.

Faça perguntas

Devemos ser criteriosos a respeito de nossas conversas quando visitamos os enfermos. Se temos de ser fiéis nessa tarefa, então precisamos nos preparar para guiar essas interações. A melhor maneira de nos prepararmos é considerar que as perguntas conduzirão, por fim, a uma conversa espiritual. Entretanto, quando nos preparamos, devemos lembrar aqueles com quem estamos falando. Eles estão, no mínimo, desconfortáveis por causa das circunstâncias. Podem estar lidando com dor intensa, estar conscientes ou inconscientes ou até mesmo distraídos pelos membros da família no quarto. Portanto, antes de começar a fazer perguntas, devemos atentar ao sábio conselho de David Dickson: "Não os estressemos com alguma coisa que exija atenção longa ou contínua e deixemos que a mudança de um assunto para outro seja natural e tranquila".[11]

Devemos prosseguir somente depois de refletir com atenção sobre o que devemos perguntar. Eis uma sequência que tem sido muito útil para mim. Faça ao doente perguntas sobre ele mesmo, sua condição e o tipo de tratamento recomendado. Faça perguntas sobre a família do doente, especificamente com referência a quem está cuidando dele nesse período. Em seguida, tente mudar a conversa para um diálogo de natureza espiritual. Uma maneira proveitosa de fazer isso é perguntar como você pode orar por ele. Por meio dessa pergunta, o Espírito Santo abrirá, frequentemente, oportunidades para falarmos sobre assuntos eternos. Entretanto, nossas perguntas têm o propósito de nos levar a falar sobre Deus e a esperança que existe apenas em Cristo. Essa é a nossa esperança, quer a pessoa esteja doente, quer esteja saudável. Portanto, nossas perguntas devem ser sensíveis às circunstâncias do paciente, mas devem sempre honrar a Deus e ter seu conteúdo norteado pelo evangelho.

Leia a Escritura

Em minha igreja, um jovem aluno de seminário decidiu visitar um membro gravemente enfermo no hospital. Embora tivesse pouca experiência, ele me

---

11 David Dickson, *The Elder and His Work* (1883; repr., Phillipsburg, NJ: P & R, 2004), 58.

ouvira desafiar a congregação a cuidar daquele membro fiel da igreja durante uma mudança repentina para pior. O jovem se dirigiu ao quarto do hospital e, ao chegar ali, encontrou a mulher num estado preocupante. Ela estava semiconsciente, respirando com muita dificuldade e tendo convulsões. O jovem também deparou com uma ocorrência bastante incomum: ninguém da família estava no quarto. Ele me ouvira dizer: "No quarto há sempre alguém da família com quem conversar". Dessa vez, porém, não havia nenhum membro da família. O que você teria feito? Esse irmão teve uma reação impactante e espiritualmente madura.

Abriu a Bíblia e começou a ler. Enquanto permaneceu ao lado da cama daquela irmã moribunda lutando para respirar, ele leu sobre o glorioso caráter de Deus e suas promessas fiéis para seus filhos adotados em Cristo. Ela morreu logo depois de o jovem deixar o quarto. Somente Deus sabe o fruto daquela tarde. Mas precisamos notar quão corretos foram os instintos do rapaz naquele momento. É a Palavra de Deus, que é "viva e eficaz" e "mais cortante do que qualquer espada de dois gumes" (Hb 4.12). Devemos ter a Palavra da verdade de Deus em nossos lábios. Do contrário, não podemos reagir bem quando deparamos com momentos desconfortáveis. Thomas Murphy, um pastor americano fiel do século XIX, aconselha os pastores a fazerem da leitura da Bíblia a prioridade central de sua visita:

Mesmo quando os pacientes estão muito fracos, devemos ler a Palavra, citá-la, repeti-la, a fim de incutir, enfatizar e explicar suas ricas instruções. Pelos muitos exemplos dados pelo Dr. Archibald Alexander e outros, tem-se provado que apresentar os ensinos simples do livro de Deus até mesmo à mente de pacientes duvidosos e céticos é, frequentemente, muito melhor do que qualquer processo de argumentação em que possamos nos engajar com eles. Ler ou citar passagens da Escritura será, muitas vezes, um grande alívio para o pastor quando o caso é tão sério e urgente que, por si mesmo, ele se vê completamente perdido quanto ao que dizer. De fato, em geral, isso é quase tudo que pode ser feito quando o paciente não pode ou não quer falar, e raramente sabemos com certeza quais palavras serão ouvidas. Por isso, é bom os ministros terem um grande estoque de passagens apropriadas para os enfermos e prontas para uso. Deve haver preparação deliberada e constante para isso, pois é um assunto que não podemos ignorar.[12]

Como podemos nos preparar para esse tipo de situação? De acordo com o conselho de Murphy, devemos ter "em mente um grande estoque de passagens apropriadas para os enfermos e prontas para uso". Reserve algum

---

12 Thomas Murphy, *Pastoral Theology: The Pastor in the Various Duties of His Office* (Philadelphia: Presbyterian Board of Publication, 1877), 242-43.

tempo para pensar em várias passagens das Escrituras que podem ser um encorajamento para aqueles que estão doentes. É proveitoso colocá-las em categorias. Aqui estão quatro exemplos para situações diferentes:

- **Passagens de consolo:** Salmos 23, 28, 34, 46, 62, 145; Hebreus 4.14-16
- **Passagens que contêm passagens sucintas do evangelho:** João 11.25-26; Romanos 5.6-11; 2 Coríntios 5.17-21; Efésios 2.1-10
- **Passagens que lidam com o propósito do sofrimento para o crente:** 2 Coríntios 12.7-9; Tiago 1.2-4; 1 Pedro 1.6-7; 4.12-19
- **Passagens concernentes à realidade e à esperança da eternidade com Cristo:** João 10.27-30; 14.1-3; Filipenses 1.21-23; 1 Pedro 1.3-5

Ter algumas passagens em mente deixará você mais bem preparado para o inesperado. Apenas no caso de você esquecer o óbvio: *leia sua Bíblia.*

Ore o evangelho

Certa manhã, uma enfermeira de um hospital local telefonou para mim e solicitou minha presença imediata. A esposa não cristã de um membro de nossa igreja estava a momentos da morte. Eu não tinha a menor ideia do que me esperava quando chegasse ao hospital.

Entrei num quarto cheio de familiares, e o esposo me conduziu até o leito de sua esposa. Ele também estava sofrendo de problemas médicos que haviam resultado numa traqueostomia e o impediam de falar.

No entanto, não precisei de muito tempo para compreender por que fora chamado. Ele estava me pedindo que orasse por sua esposa, enquanto o médico se preparava para retirá-la do respirador. Vinte minutos antes, eu estava em meu escritório, imerso em meus estudos; agora, estavam me pedindo que fizesse uma oração final por uma mulher não cristã que estava morrendo, na frente de seu marido e cerca de quinze familiares não cristãos que esperavam por um milagre com minha oração. Eu tinha, literalmente, poucos segundos para decidir o que fazer e como orar.

Decidi orar o evangelho por aquela mulher, seu marido e seus familiares não cristãos que enchiam o quarto. Não orei para que Deus a poupasse. Não orei para que Deus a curasse. Não fiz um pedido manipulador para que Deus a recebesse (o que penso ser a oração que esperavam que eu fizesse). Orei que o evangelho fosse sua única esperança, de maneira que Deus fizesse cada pessoa naquele quarto saber que o evangelho era também sua única esperança. Orar o evangelho não tem de ser complicado. Pode ser algo tão simples quanto falar sobre os quatro assuntos principais do evangelho: *Deus, o homem, Cristo, resposta*.

No quarto do hospital, Deus ensinou, naquele dia, uma lição preciosa que teve impacto profundo em mim e em meu ministério. Quando oramos o evangelho, as pessoas o ouvem. Quando orei o evangelho naquele quarto, ele foi ouvido por uma mulher que estava morrendo (momentos antes de enfrentar o julgamento), seu marido cristão e seus familiares perdidos. Se cremos verdadeiramente que a fé vem pelo ouvir (Rm 10.17), jamais devemos sair de um quarto de hospital, de um lar de idosos ou da casa de uma pessoa doente (ou de uma pessoa saudável) sem orar a esperança de Deus em Cristo.

Deixe um bilhete

Quando comecei a fazer visita hospitalar, achava que meus esforços eram em vão, não por causa de uma má visita, e sim porque eu não podia ver as pessoas doentes. Muitas vezes, eu saía e voltava poucas horas depois, apenas para admitir que ainda não havia conseguido vê-las. Estava desperdiçando um tempo valioso; e meus esforços deparavam com desencorajamento. Infelizmente, até então ninguém havia compartilhado comigo uma tática simples e óbvia: *deixe um bilhete*.

Enfrentamos várias situações em que as pessoas que pretendemos visitar estarão indisponíveis. Se estiverem hospitalizadas, podem estar fora do quarto, fazendo exames ou procedimentos clínicos, ou talvez descansando.

Médicos e enfermeiras podem estar no quarto para consulta ou tratamentos, e, por isso, nosso paciente não está disponível para um visita. Numa lar de idosos, esses podem estar ocupados com atividades de recreação ou talvez estejam descansando ou indisponíveis. Pacientes em centros de recuperação deixam seu quarto para fazer terapia várias vezes ao dia. Mesmo em situações em que pretendemos visitar alguém em seu próprio lar, podemos descobrir que ele saiu para uma consulta médica ou está repousando e incapaz de receber visitantes.

Em situações tais, deixar um bilhete é uma solução frutífera, porque realiza vários aspectos do cuidado que desejávamos manifestar se tivesse sido possível vê-los. Um bilhete faz as pessoas saberem que separamos tempo para vê-las e que estamos orando por elas. Comunica que desejamos servi-lhes de alguma maneira que podemos e que elas permanecem conectadas com sua igreja, apesar das circunstâncias. Podem ler nosso bilhete repetidas vezes e receber encorajamento muito tempo depois de havermos saído.

Além disso, pode ser valioso deixar livros e folhetos para manter os pacientes ocupados com as verdades das quais você falou e orou com eles. Thomas Murphy afirma essa prática:

> Páginas que contêm verdades aplicáveis a eles serão lidas frequentemente em suas longas horas de

confinamento, e a instrução apropriada que se encontram nelas serão ponderadas repetidas vezes. Então, a mensagem silenciosa de linhas impressas pode ser recebida sem a empolgação ou a perturbação que a visita do ministro geralmente produz. Às vezes, o pequeno volume do consolo evangélico será mais bem recebido como ajuda para alegrar as horas de fadiga. Se o próprio paciente não é capaz de ler, algum amigo cristão mostrará alegria em ler para ele e, assim, transmitir as palavras de vida àquela alma faminta.[13]

Deixar um bilhete e outros recursos de leitura apropriados pode prestar grande serviço a um paciente quando as horas se arrastam e o fluxo de visitas diminui.

Toque com discernimento

O uso eficaz do toque físico não depende de que você seja uma pessoa que expressa as afeições por meio de contato físico. O contato físico apropriado comunica um amor e um cuidado que as palavras não podem expressar. Aqueles que estão enfermos podem desenvolver facilmente a "síndrome de lepra". No século I, a lepra fazia uma pessoa ser banida dos limites da cidade e isolada da sociedade. Imagine o que significava ser tratado de maneira tão desagradável e não ser amado

---

13 Ibid., 246-47.

por causa de um estigma físico. Os doentes, especialmente aqueles que estão num ambiente de hospital, podem facilmente desenvolver esse sentimento de ostracismo. Por isso, uma das maneiras mais eficazes de comunicar amor a pessoas que sofrem é o contato físico apropriado, como tocar uma mão, um braço ou um pé quando oramos, dar-lhes um abraço suave ou ajudá-las fisicamente a se mover para uma cadeira. Esses esforços destroem barreiras de insegurança e abrem grandes oportunidades de confiança e ministério.

No entanto, há necessidade de grande discernimento e cautela apropriada. A percepção que o contato físico produz pode ser mista. Foi por essa razão que Samuel Miller, pastor e formador de pastores norte-americano no século XIX, compartilhou estas palavras com aqueles que ministram a pessoas do sexo oposto:

> Em resumo, em todas as suas associações com o outro sexo, permita que sua delicadeza seja do tipo mais escrupuloso. Evite não somente a realidade do mal, mas também sua aparência. E lembre-se de que a própria confiança, no que diz respeito à pureza que, em geral, é colocada no caráter de um clérigo, embora seja, em alguns aspectos, altamente vantajosa, pode tornar-se uma armadilha para ele, de várias maneiras facilmente imagináveis.[14]

---

14 Citado em James M. Garretson, *An Able and Faithful Ministry: Samuel*

Devemos, portanto, avaliar várias questões para saber o que é apropriado e o que não é. A idade, o gênero e o tipo de relacionamento que temos com a pessoa determinam a forma como devemos nos comportar. Por exemplo, sinto-me tranquilo em apertar a mão da viúva de 88 anos, que eu conheço muito bem e me vê como seu neto. Todavia, não me sinto tranquilo em tocar fisicamente uma mulher membro da igreja que tem a minha idade (casada ou solteira). O contato físico pode ser profundamente eficaz ou prejudicial. Seja sábio na forma como você o usa.

Olhe nos olhos da pessoa

Raramente notamos um contato de olhos bom e eficaz, ou seja, até experimentarmos um mau contato de olhos. Considere, por um instante, a importância do contato de olhos na conversa casual com alguém. O bom contato de olhos comunica interesse tanto na pessoa como no que está sendo dito. O mau contato de olhos, por sua vez, comunica desinteresse, monotonia e tensão presumida entre ambas as partes. Esses princípios são acentuados num quarto de hospital.

Certa vez, visitei uma viúva idosa no hospital. Ela ficava muito nervosa mesmo quando alguém a visitava em sua casa. Então, você pode imaginar quão desagradável seria para ela que alguém a visse com os cabelos

---

Miller and the Pastoral Office (Grand Rapids: Reformation Heritage, 2014), 346.

despenteados, sem maquiagem e com uma aparência de "não tenho me banhado há vários dias". Assegurei-me de sempre olhar em seus olhos enquanto estava lá, porque sabia que ela ficaria insegura em relação à sua aparência. Então, vi as paredes de temor desmoronando quando sorri, falei com ela calorosamente e continuei olhando-a nos olhos.

O bom contato de olhos diz imediatamente que você está interessado na pessoa e se sente confortável com ela. Se você visita pessoas num hospital ou num lar de idosos, elas já são sensíveis quanto à sua aparência. Muitas estão ligadas a monitores do coração ou presas a máquinas que bombeiam nutrição ou remédios. O mau contato de olhos intensificará a disposição já sensível delas em relação à sua aparência. Devemos ser disciplinados no contato de olhos durante nossas conversas com outras pessoas, especialmente nas visitas aos enfermos.

Prepare seu coração

Em primeiro lugar, devemos nos preparar para visitar outras pessoas motivados por amor, e não por dever. Por meio de nosso comportamento, revelamos frequentemente se nossa motivação é dever ou amor. Essa é a primeira questão do coração que devemos analisar honestamente. É fácil os pastores caírem na armadilha de pensar que a visitação é um aspecto do trabalho para o qual a igreja os contratou. Pastores têm de fazer um esforço especial para se assegurar de que estão visitando os enfermos por amor e cuidado, e não por obrigação. Curtis Thomas, um pastor de mais de quarenta anos de ministério, escreveu: "Nossas visitas nunca devem parecer deveres profissionais. Se o paciente percebe que estamos ali apenas para cumprir nossa responsabilidade e que não temos interesse genuíno nele, nossa visita causará mais prejuízo do que benefício".[15]

Em seguida, devemos preparar nosso coração para o que podemos ver e experimentar. Lembre-se de que nossa visita pode envolver alguém que está morrendo, e há realidades perturbadoras que acompanham a morte. Podemos ver sangue, ou tubos, ou agulhas colocadas em lugares inimagináveis. Dor profunda, respiração ofegante e outros comportamentos podem tornar sensível a pessoa mais resistente. Mas essas circunstâncias não são razões para evitarmos mostrar cuidado pelos enfermos. De fato, esses cenários são momentos maravilhosos dados por Deus para nos levar a preparar nosso coração, enquanto dependemos totalmente do Espírito Santos para nos fortalecer.

Por fim, mais do que simplesmente nos prepararmos para evitar um desmaio quando encaramos essas realidades, devemos preparar espiritualmente nosso

---

15 Curtis Thomas, *Practical Wisdom for Pastors: Words of Encouragement and Counsel for a Lifetime of Ministry* (Wheaton, IL: Crossway, 2001), 104.

coração. Antes de estar face a face com a pessoa que visitaremos, devemos ter em mente as Escrituras que pretendemos ler. Devemos pensar nas palavras de encorajamento e esperança que tencionamos levar. Precisamos lembrar a nós mesmos as promessas de Deus que escolhemos para compartilhar; devemos crer nessas promessas e deixar que encham nosso coração de alegria. A mesma intuição dos enfermos confirmará que estão recebendo essas palavras de verdade procedentes de alguém cuja esperança se encontra nelas.

CONCLUSÃO

Charles Spurgeon é reconhecido como um dos mais talentosos, dedicados, brilhantes e impactantes pregadores e pastores na história. A maioria dos cristãos lhe confere essa distinção honrável por causa de seus sermões penetrantes, bem elaborados, centrados em Cristo e norteados pelo evangelho que são ouvidos e lidos por milhares ao redor do mundo. Mas sua fidelidade como jovem pastor é frequentemente ignorada.

Em 1854, na tenra idade de 20 anos, Spurgeon se mudou para pastorear uma igreja em Londres (New Park Street Chapel) que, mais tarde, se tornou o Metropolitan Tabernacle. Não fazia nem doze meses que Spurgeon estivera em Londres quando um grave surto de cólera assolou a cidade. Spurgeon nos conta seus esforços para cuidar dos enfermos em meio a condições horríveis:

> Durante todo o dia e, às vezes, a noite inteira, eu saía de casa em casa e via homens e mulheres morrendo. E quão alegres ficavam quando viam meu rosto! Quando muitos tinham medo de entrar na casa deles, para não pegarem a doença mortal, nós, que não tínhamos nenhum medo dessas coisas, éramos ouvidos alegremente quando falávamos de Cristo e das coisas divinas.[16]

Que exemplo magnífico de um pastor jovem e inexperiente que temia a Deus mais do que uma doença contagiosa! Que grande modelo para nós, o modelo do cuidado sacrificial que Spurgeon demonstrou a grande risco, porque sabia do fruto espiritual que poderia surgir apenas no leito de morte de uma pessoa!

Spurgeon fez do visitar os aflitos uma prioridade. Mesmo sendo um pastor jovem, o dom de pregação de Spurgeon era evidente a todos que o ouviam, e isso exigia boa parte de seu tempo. Mas Spurgeon colocou todas essas oportunidades de lado: "Durante aquela epidemia de cólera, embora eu tivesse muitos compromissos no interior, rejeitei-os para ficar em Londres e visitar os enfermos e os que estavam prestes a morrer".[17]

As exigências da vida de Spurgeon, mesmo aos 20 anos de idade, eram muitas, talvez mais numerosas do

---

16 C. H. Spurgeon, Susannah Spurgeon e W. J. Harrald, *C. H. Spurgeon's Autobiography* (1899; repr., Pasadena, TX: Pilgrim Publications, 1992), 1:371.
17 Ibid., 1:372.

que as de uma pessoa que vive numa das culturas mais ocupadas da história. Podemos ver, certamente, pelo exemplo de Spurgeon, o impacto significativo que visitar os enfermos pode causar. No entanto, o que pode ser mais aplicável nesse relato é o sacrifício que Spurgeon fez para priorizar essa tarefa divina. Ele enfatizou que essa tarefa não é somente para pastores e líderes da igreja; é "para todos que amam a alma dos homens".[18]

Demonstremos nosso profundo amor pelas almas, especialmente as daqueles com quem fizemos um pacto em nossa igreja local. Uma vez que temos comunhão uns com os outros, encorajamos uns aos outros e cuidamos uns dos outros, não percamos de vista aqueles que podem ser esquecidos facilmente. Não esqueçamos aqueles que não lutam por nossa atenção, como ocorre com muitas outras coisas em nossas vidas. Devemos tomar a iniciativa. A tarefa de visitar os enfermos não se introduzirá facilmente em nossa agenda. Mas tenha bom ânimo. Quando somos conscientes a respeito de visitar os enfermos e aflitos de nossas igrejas, podemos crer que uma tarefa divina está sendo realizada, almas estão sendo amadas e nutridas em nome do Supremo Pastor, a mudança está acontecendo dentro de nós, o evangelho está sendo revelado, e Deus está sendo glorificado.

---

18 Ibid., 1:371.

CAPÍTULO 6
CONSOLE OS ENTRISTECIDOS

"Consolai-vos, pois, uns aos outros com estas palavras."
1 Tessalonicenses 4.18

O quarto de hospital e os locais de velório são algumas das melhores salas de aula para aprendermos o ministério pastoral. Já apertei a mão de santos idosos e orei sobre eles quando davam seu último suspiro. Venci meus "inimigos" porque separei um tempo para visitá-los quando estavam no hospital. Já vi desespero se tornar esperança quando me sentei ao lado de uma viúva entristecida e falei sobre Cristo. O quarto de hospital e os locais de velório são, para os pastores, oportunidades de aprendizado que não encontramos em nenhum outro lugar. A morte nos lembra nossa fragilidade e nossa imperfeição. Remove nosso coração da ilusão de invencibilidade. A morte restaura nosso foco nas coisas eternas, visto que somos tentados diariamente a viver nas coisas temporais. A morte nos compele a reconhecer que nossa vida é um vapor: hoje estamos aqui, amanhã teremos partido.

Infelizmente, os lugares onde aprendemos melhor a falar com as pessoas sobre a morte são os lugares que tendemos a evitar: hospitais, lares de idosos e velórios. Por quê? Porque ministrar nesses lugares não é glamoroso. Exige um engajamento do coração que muitos não querem seguir regularmente. Falar com as pessoas nessas situações cria fardos que são difíceis de suportar. Não ganharemos reconhecimento público. Na maioria das vezes, ninguém sabe que estamos fazendo essas visitas; apenas Deus e a pessoa que visitamos. Mas esse é o chamado de um pastor. Pastores são responsáveis por cuidar dos que estão entristecidos. Mas como? Como um pastor cuida compassiva e eficazmente daqueles que estão lidando com o sofrimento de perda?

CONSOLE COM REALIDADES BÍBLICAS E ESPIRITUAIS

Deus é um Deus de consolo (Sl 23.4; 57.1). Deus é fiel em cuidar de seu povo e em consolá-lo nos momentos difíceis. Embora haja muito a aprender da maneira como Deus consolou seu povo no Antigo Testamento, os melhores modelos de cuidado compassivo dos entristecidos são os de Cristo e seus apóstolos.

Jesus consolou os entristecidos

Jesus consolou aqueles que sofreram a perda de pessoas queridas. O exemplo mais notável é visto quando Jesus consolou duas irmãs e amigas íntimas, Maria e Marta, que choravam a perda de seu irmão, Lázaro. Maria e Marta haviam mandado alguém para falar com Jesus e pedir-lhe que curasse Lázaro, porque sabiam que ele tinha poder para fazer isso, mas Jesus se recusou a ir até que fosse muito tarde. Lázaro sucumbiu à enfermidade e morreu. Vários dias depois, Jesus chegou ao local do sepulcro:

> Chegando Jesus, encontrou Lázaro já sepultado, havia quatro dias. Ora, Betânia estava cerca de quinze estádios perto de Jerusalém. Muitos dentre os judeus tinham vindo ter com Marta e Maria, para as consolar a respeito de seu irmão. Marta, quando soube que vinha Jesus, saiu ao seu encontro; Maria, porém, ficou sentada em casa.
>
> Disse, pois, Marta a Jesus: Senhor, se estiveras aqui, não teria morrido meu irmão. Mas também sei que, mesmo agora, tudo quanto pedires a Deus, Deus to concederá.
>
> Declarou-lhe Jesus: Teu irmão há de ressurgir. Eu sei, replicou Marta, que ele há de ressurgir na ressurreição, no último dia. Disse-lhe Jesus: Eu sou a ressurreição e a vida. Quem crê em mim, ainda

que morra, viverá; e todo o que vive e crê em mim não morrerá, eternamente. Crês isto? Sim, Senhor, respondeu ela, eu tenho crido que tu és o Cristo, o Filho de Deus que devia vir ao mundo.

João 11.17-27

Jesus sabia que Marta estava triste, mas não evitou falar-lhe a verdade. Ele cuidou de Marta em sua tristeza lembrando-a de quem ele era. Jesus a consolou ao lhe dizer: "Eu sou a ressurreição e a vida. Quem crê em mim, ainda que morra, viverá; e todo o que vive e crê em mim não morrerá, eternamente. Crês isto?" (Jo 11.25-26). Jesus declarou que ele é a ressurreição e a vida. E nos lembra, em nossos maiores momentos de tristeza e dor, especialmente no que diz respeito à morte, que nossa alma é consolada pela verdade a respeito do que Jesus é em face da morte.

Finalmente, Jesus fez uma pergunta: "Crês isto?" O consolo não se acha em certezas brandas de esperança. O consolo procede de se crer verdadeiramente que Jesus é o que ele diz ser. Isso não é apenas uma afirmação excelente; é a esperança real alicerçada em realidade histórica. Jesus venceu a morte e provê salvação a todos aqueles que creem nele. Seu poder sobre a morte foi demonstrado para aqueles que o viram ressuscitar Lázaro e por sua própria ressurreição no terceiro dia após sua morte.

O consolo que Jesus oferece começa com a verdade a respeito de quem ele é e do que fez, mas não termina aí. O evangelho de João prossegue:

> Tendo dito isto, retirou-se e chamou Maria, sua irmã, e lhe disse em particular: O Mestre chegou e te chama. Ela, ouvindo isto, levantou-se depressa e foi ter com ele...
>
> Quando Maria chegou ao lugar onde estava Jesus, ao vê-lo, lançou-se-lhe aos pés, dizendo: Senhor, se estiveras aqui, meu irmão não teria morrido. Jesus, vendo-a chorar, e bem assim os judeus que a acompanhavam, agitou-se no espírito e comoveu-se. E perguntou: Onde o sepultastes? Eles lhe responderam: Senhor, vem e vê! Jesus chorou. Então, disseram os judeus: Vede quanto o amava.
>
> João 11.28-29, 32-36

Como já vimos, Jesus oferece esperança ao lembrar às pessoas quem ele é e o que fez, mas também reconhece a dor causada pela morte. Jesus se entristeceu por e com a perda. E somos informados de que ele "comoveu-se" e "chorou". Provavelmente, Jesus chorou por muitas razões. No entanto, a maioria dos comentadores acredita que ele ficou verdadeiramente triste com a realidade da morte e as implicações do que ela traz. A morte traz a separação de pessoas queridas. E essa separação traz um profundo senso de perda. Jesus se entristeceu pela morte de Lázaro, embora soubesse que logo o traria de volta à vida. Jesus nos lembra que é correto chorar e sentir emoção profunda, mesmo quando nos apegamos à firme e segura esperança da ressurreição. É bom chorar quando deparamos com emoções profundas.

Paulo consolou os entristecidos

Quando se encontrou com o Cristo ressuscitado na estrada de Damasco, o apóstolo Paulo achou a esperança que Jesus oferece. Paulo creu no Senhor Jesus Cristo e foi chamado para ser apóstolo. Ele faria várias viagens missionárias e plantaria igrejas no Mediterrâneo e na Ásia Menor. Em uma carta dirigida aos crentes de Tessalônica, Paulo oferece consolo ao explicar o que acontece quando um crente morre:

> Não queremos, porém, irmãos, que sejais ignorantes com respeito aos que dormem, para não vos entristecerdes como os demais, que não têm esperança. Pois, se cremos que Jesus morreu e ressuscitou, assim também Deus, mediante Jesus, trará, em sua companhia, os que dormem. Ora, ainda vos declaramos, por palavra do Senhor, isto: nós, os vivos, os que ficarmos até à vinda do Senhor, de modo algum precederemos os que dormem. Porquanto o Senhor mesmo, dada a sua palavra de ordem, ouvida

> a voz do arcanjo, e ressoada a trombeta de Deus, descerá dos céus, e os mortos em Cristo ressuscitarão primeiro; depois, nós, os vivos, os que ficarmos, seremos arrebatados juntamente com eles, entre nuvens, para o encontro do Senhor nos ares, e, assim, estaremos para sempre com o Senhor. Consolai-vos, pois, uns aos outros com estas palavras.
>
> 1 Tessalonicenses 4.13-18

O propósito de Paulo em compartilhar essas palavras é claro. Ele não quer que os crentes tessalonicenses sejam "ignorantes" e sabe que esse conhecimento do que acontece aos crentes que morrem trará encorajamento àqueles cristãos. Paulo deixa claro que todo aquele que está em Cristo será ressuscitado com o Senhor quando ele retornar. Isso inclui tanto os que estiverem vivos no retorno de Cristo como os que já morreram. Esse conhecimento deve levar a um tipo de tristeza diferente daquele que os não cristãos experimentam, uma tristeza fundamentada em esperança, não em desespero. Esses cristãos de Tessalônica deviam crer nessas palavras e falá-las uns aos outros, a fim de encorajarem e consolarem uns aos outros (1Ts 4.18). Paulo nos ensina que o verdadeiro consolo vem não somente de crer na pessoa e na obra de Jesus, mas também de entender os propósitos de Deus para o futuro, especialmente a ressurreição que ele assegurou para nós.

De novo, quero enfatizar que o verdadeiro consolo se acha não em falsas palavras de sentimento, em clichês ou afirmações triviais. O verdadeiro consolo vem de crermos realmente nas verdadeiras palavras sobre Jesus e no que ele fez. Como vimos, consolar os outros com essas verdades não exige ocultar nossa tristeza, nem mostrar um falso estoicismo. Envolve estar presente para chorar com os que choram e falar de Cristo, que é a ressurreição e a vida.

CONSOLO NO FUNERAL

Pastores estão sempre preparando algo. Se não estão pregando, estão preparando a pregação. Se não estão liderando uma reunião, estão se preparando para liderar. Sermões e reuniões têm lugares fixos no calendário dos pastores, com todos os tipos de lembretes. Funerais não funcionam dessa maneira. Caem na agenda de maneira inesperada e são desafiadores em seu preparo por duas razões.

Em primeiro lugar, funerais exigem tipicamente uma mudança rápida. A morte chega quando menos a esperamos e, muitas vezes, num momento inconveniente. Em geral, um pastor terá pouco tempo para planejar e se preparar para um funeral. Por isso, funerais entram forçosamente na agenda da semana, e reuniões antes planejadas antes são adiadas. Imediatamente, um pastor é obrigado a decidir quais tarefas precisam esperar.

É importante pensar nisso de antemão, bem antes de receber a chamada telefônica. A preparação de funerais começa com o pastoreio fiel da vida de nosso povo.

O segundo desafio é que todo funeral é singular. Você está imergindo na vida de uma família que foi mudada permanentemente pela morte. Toda família tem suas próprias tensões, disfunções e peculiaridades, e tudo isso pode ser acentuado durante o processo de luto. Pastores podem experimentar exaustão mental e emocional quando acompanham a família. Ainda que estejamos bem preparados (ou não preparados), a dependência do Senhor é essencial. Quando nos dirigimos para realizar o culto fúnebre como embaixadores de Cristo, devemos lembrar que nosso trabalho é torná-lo central em tudo que fazemos.

Antes do culto

Planeje chegar ao culto fúnebre de 15 a 30 minutos antes de seu início. Isso lhe dá tempo para saudar a família e checar os trâmites do enterro. Também pode impedir um dos momentos mais constrangedores de nosso ministério: chegar atrasado para conduzir um culto fúnebre (acredite: eu sei disso). Assegure-se de que as pessoas envolvidas no culto estejam presentes e preparadas para cooperar como planejado. Idealmente, você quer reunir-se com todos os participantes alguns minutos antes de o culto começar, a fim de repassar os detalhes e orar para que o Senhor desperte almas para o evangelho e console seu povo entristecido. Finalmente, assegure-se de começar na hora. Muitas pessoas vieram cedo, com a expectativa de que o culto começaria no hora anunciada.

O culto fúnebre

Há muito a pensar sobre como você realiza um culto fúnebre. Provavelmente você preparou algum material e planejou o que fazer e como fazê-lo. Mantenha-se firme em suas decisões. À medida que você for realizando o culto, assegure-se de que Cristo e sua obra salvadora manifestem-se durante todo o tempo. Ore com simpatia. Profira o discurso fúnebre da maneira como você gostaria que falassem o seu. Leia a Palavra de Deus, reconhecendo que ela é viva, ativa e mais afiada do que qualquer espada de dois gumes, capaz de atingir as partes mais profundas de nosso ser (Hb 4.12). Aconselhe aqueles que estão tristes, admitindo quão proveitoso o mesmo conselho foi para você antes. Pregue o evangelho e convide as pessoas a responder ao evangelho, sabendo que a fé vem pelo ouvir a Palavra sobre Cristo (Rm 10.17). Confie em Deus para fazer sua obra poderosa por meio de seu Espírito, de acordo com sua vontade boa e perfeita.

As palavras iniciais de um culto fúnebre podem parecer tão difíceis de proferir quanto as primeiras palavras que falamos à família que acabou de perder uma pessoa querida. A audiência reunida provavelmente será mais atenta do que numa Escola Dominical normal. Devemos aproveitar a oportunidade para escolher nossas palavras com cuidado, porque elas estabelecerão o tom para o restante do culto. Permita que Deus fale antes de você. Todos os ouvintes estão se perguntando: "Por que, Deus?". Escolha uma passagem da Bíblia que aborde diretamente as perguntas, a tristeza e o ceticismo, para declarar o imutável caráter de nosso grande Deus.

As palavras de Deus sempre serão mais poderosas, mais profundas e mais persuasivas do que nossas próprias palavras. Comece permitindo que Deus esquadrinhe as dúvidas por compartilhar a Palavra de Deus. Depois de você pronunciar um "bem-vindo" aos que estão presentes e afirmar por que estão reunidos, modele o restante do culto em cinco áreas, perguntando como o evangelho pode ser apresentado com exatidão em cada uma delas: oração, música, leituras da Bíblia, discurso fúnebre e sermão.[19]

Embora alguns ajustes se façam necessários no caso do funeral de um incrédulo, você pode observar estes princípios básicos em seu preparo. O evangelho precisa ser claro nesses momentos. Entretanto, é preciso ter discernimento quando a condição espiritual do falecido

---

19 Quanto a explicações detalhadas desses cinco elementos de um culto fúnebre, ver Brian Croft e Phil Newton, *Conduct Gospel-Centered Funerals* (Grand Rapids: Zondervan, 2014), 42-48.

está em questão. Não é proveitoso nem amoroso pregar que o falecido está no inferno. O melhor conselho que já recebi sobre conduzir o culto fúnebre tanto para incrédulos como para crentes nominais e professos é este: não pregue que eles estão no céu, nem pregue que estão no inferno. Apenas pregue o evangelho para as pessoas que estão ali.[20]

Lembre-se: você não é Deus. Não pode saber com certeza a condição espiritual final de um indivíduo. E esse assunto não deve ser o foco de um funeral, momento em que essas realidades são incertas. O culto fúnebre é para os presentes, para aqueles que estão tristes e enlutados. Pregue o evangelho, ajude-os em sua tristeza e ofereça-lhes a esperança de Cristo.

Depois do culto

Depois do culto, a família tem o momento final com seu amado antes de o caixão ser fechado. Permaneça ali, mas afaste-se do caixão, para que a família tenha seu tempo e espaço. Nesse momento sua presença será uma grande fonte de encorajamento para a família.

Na sepultura

Ao chegar à sepultura, coloque-se na frente do caixão que já foi colocado no aparelho de descensão

---

20 Ouvi esse conselho pela primeira vez de meu mentor, Mark Dever. Não sei se é original dele.

que o mantém acima da cova preparada. Não sou fã de demoras a essa altura do funeral. Você já conduziu um culto longo. Provavelmente, a família está à beira da exaustão emocional, e, frequentemente, as condições no local da sepultura são menos do que ideais. O ofício do pastor ao lado do túmulo não deve levar mais de cinco minutos.

Nosso alvo agora é reafirmar a esperança que temos em Cristo, esperança que pregamos no culto fúnebre. Em geral, acho que uma introdução, lendo a Escritura, e uma oração final que reflete a passagem lida consistem em uma abordagem apropriada para esse momento. Se o falecido era um crente em Cristo, 1 Tessalonicenses 4.13-18 e 1 Coríntios 15.30-38 são passagens adequadas para leitura, como forma de encorajamento e consolo aos irmãos em Cristo, afirmando que o corpo entregue à terra será, um dia, ressuscitado para estar com Cristo para sempre. Para aqueles cujo estado espiritual na ocasião da morte era menos claro, é mais apropriado ler uma passagem mais genérica de conforto (Salmos 23). Use a oração final como um meio de conectar a realidade espiritual de que o verdadeiro consolo de Deus vem de crer na vida, na morte e na ressurreição de Cristo, o Filho de Deus.

Independentemente das circunstâncias, torne conhecida esta verdade que o grande puritano John Flavel expressou em palavras convincentes: "Ó você, que espera paz e descanso nas câmaras da morte, una-se a Cristo. Um sepulcro com Cristo é um lugar confortável".[21]

Quero mencionar uma coisa final. Em nossos dias, muitas pessoas estão escolhendo a cremação em vez do sepultamento. As razões variam — conveniência para a família, orçamento apertado, morar num lugar em que um sepultamento é complicado e desafiador e muitas outras. No caso da cremação, o culto fúnebre terminará, e todos irão embora. Apesar disso, aplicar esses princípios do sepultamento nos momentos posteriores à conclusão de um culto fúnebre é bom e apropriado e pode lançar as bases para ministério futuro.

Cuidado pastoral depois do funeral

Antes de deixar o lugar da sepultura, mostre-se disposto a compartilhar alguns comentários de cuidado com a família e os amigos. Não se apresse a ir embora. Reserve um tempo para a socialização. Lembre-se: aqueles que estão presentes ali estão em tristeza. Esse pode ser o momento em que alguém pergunte algo sobre o que você falou no culto, talvez algo que o Senhor usou para despertar o inquiridor para sua necessidade de Cristo. Não subestime como o Senhor pode abrir uma oportunidade para o evangelho nesses momentos antes de você ir embora. Tenha seu cartão pastoral ou

---

21 John Flavel, Sermão 37, em "The Fountain of Life", em *The Works of John Flavel* (Carlisle, PA: Banner of Truth, 1997), 1:466.

informação de contato para dar à família ou a qualquer pessoa que peça para falar com você depois.

Uma vez que você tenha socializado com as pessoas que ficaram ali, aproxime-se dos membros da família. Isso, frequentemente, proverá uma oportunidade para lhe agradecerem por havê-los servido por meio do culto. Assegure-se de prestar respeito e oferecer condolências uma última vez. Deixe-os saber de sua disposição para servi-los no futuro. Em geral, eles não aceitarão a oferta, mas essa atitude cordial pode ser um consolo para eles. E deixará a porta aberta para um ministério futuro com eles, quer sejam membros da igreja, quer não.

Planeje entrar em contato com a família dentro de um mês, para ver como estão, especialmente se são membros de sua igreja. O processo de luto exige tempo de todos. Creia que o Senhor está agindo por meio de suas palavras durante todo o processo. Quando a vida voltar à sua rotina normal, as verdades que você falou começarão, provavelmente, a se enraizar e produzir fruto. Telefone para a família. Encontre-se com eles. Pergunte-lhes como estão indo. Pergunte-lhes como estão indo no processo de luto e se têm sido capazes de lamentar sua perda como os que têm esperança. Se eles são cristãos, pergunte como Cristo tem sido um consolo para eles. Se não são cristãos, pergunte-lhes se já consideraram suas palavras sobre o evangelho desde o funeral. Pergunte se há algo que você pode fazer por eles agora.

Envolva outros membros da igreja no cuidado pós-funeral. A família se sentirá mais cuidada pelo corpo de Cristo, e não somente por seu pastor. Com frequência, é nas semanas e nos meses seguintes que a árdua semeadura do evangelho, durante as etapas do funeral, começa a dar fruto. Tente estar lá para a colheita.

CONCLUSÃO

Visto que um funeral envolve muitos elementos e organização, não é incomum um pastor estar com todas as suas palavras preparadas, o culto planejado, as pessoas nos devidos lugares, os detalhes verificados e, depois, perceber que um elemento essencial foi negligenciado: o coração do pastor. Não se deixe escravizar à tirania da preparação do funeral a ponto de realizar tudo com um coração vazio, drenado e frio. Não subestime a esgotamento mental e emocional envolvido em consolar os enlutados, enquanto prepara e realiza um funeral. Anote três áreas em que o pastor tem de separar tempo para preparar o coração, a mente e a alma.

1. *Prepare-se para o inesperado.* Quando você pensa que já viu tudo, o funeral seguinte mostra que você não viu. Embora você já tenha visto brigas irromperem, detenções serem feitas, choro incontrolável, desmaios de familiares e de carregadores de caixão, caixões caírem, discussões em voz alta entre familiares e agentes funerários ou vestes de funeral que deixariam ruborizadas

muitas pessoas, essas experiências não significam que o funeral seguinte as refletirá. Por isso, prepare-se para ver *qualquer coisa*. Prepare-se para ver a reação mais absurda a algo que você disser. Prepare-se para ver famílias no seu pior. Se você fizer isso, será capaz de pensar clara e sabiamente quando o inesperado acontecer.

2. *Prepare-se para ministrar a Palavra de Deus*. Embora haja muitas coisas para administrar, decidir e intermediar, você não é o zelador do funeral. Você é um ministro da Palavra de Deus e um pregador do evangelho de Jesus Cristo. Prepare seu coração, mente e alma da maneira que for necessária, para, ao estar diante das pessoas no começo do culto fúnebre, ministrar a Palavra de Deus crendo que ele atuará poderosamente por meio de sua Palavra.

3. *Prepare-se para oferecer a esperança de Cristo.* Você não está ali para resolver conflitos familiares. Você está ali para apresentar claramente a cada pessoa a esperança de perdão dos pecados e de vitória sobre a morte por causa de Cristo. Você pode se preparar melhor tendo em mente quem estará no culto fúnebre. Quando conversar com a família, considere o tipo de perguntas que podem ser feitas para averiguar sua condição espiritual. Prepare antecipadamente perguntas com base nas palavras que você planejou compartilhar, de modo que as oportunidades para o evangelho se manifestem nessas conversas.

Em última análise, você é um pastor e evangelista que foi chamado pelo Supremo Pastor para preparar e realizar cultos fúnebres como "um moribundo pregando para moribundos".[22] Prepare-se e cumpra esse aspecto de seu ministério reconhecendo que os enlutados estão tristes e anelando por cuidado amoroso, enquanto você lhes recorda que precisam olhar para Jesus como sua única esperança.

---

22 Richard Baxter, *The Practical Works of the Rev. Richard Baxter* (London: Paternoster, 1830), 1:121.

CAPÍTULO 7
CUIDE DAS VIÚVAS

"Honra as viúvas verdadeiramente viúvas."

1 Timóteo 5.3

Vemos algumas evidências empolgantes e encorajadoras de que Jesus Cristo está trabalhando em sua igreja por meio de seu Espírito. Estamos experimentando uma redescoberta da pregação bíblica. As igrejas estão elevando o padrão de membresia ao resgatarem a prática de disciplina eclesiástica. O evangelho está sendo pregado com clareza, e planos intencionais para discipular novos convertidos estão sendo criados. As igrejas estão realizando ministérios de misericórdia frutíferos com esforços proativos, para cuidar dos pobres, adotar os órfãos e socorrer moradores de rua, feridos e oprimidos. O Senhor continua a edificar sua igreja em nossos dias. E esses são apenas alguns dos muitos sinais de que ele está trabalhando.

No entanto, há várias áreas que não estão sendo resgatadas tão rapidamente. Em alguns círculos, a pregação evangélica parece ser uma reação aos efeitos esmagadores do legalismo na igreja. Mas isso poderia produzir uma busca resoluta de santidade na geração seguinte. E o surgimento recente de ministérios de misericórdia intencionais na igreja tem levado a um nível maior de cuidado dos órfãos, dos pobres, dos oprimidos, bem como de vários outros grupos de pessoas que sofrem. Mas há um exceção notável. Quando foi a última vez que você ouviu falar sobre a importância de cuidar das viúvas?

Talvez pareça estranho dedicar um capítulo inteiro a essa tarefa num livro sobre ministério pastoral. Mas, se parece realmente estranho, creio que isso diz muito sobre nossas prioridades culturais. Portanto, meu alvo aqui é enfatizar os imperativos bíblicos dados aos pastores e ao povo de Deus em relação a cuidarem das viúvas. Depois, oferecerei algumas sugestões práticas a respeito de como pastores e líderes de igreja podem cumprir melhor esse ministério.

CUIDAR DAS VIÚVAS: UM CHAMADO BÍBLICO?

As viúvas são amplamente negligenciadas e esquecidas na igreja contemporânea. Certamente, há exceções, mas é difícil argumentar contra o fato de que nossa cultura é apaixonada por juventude. Grandes porções da igreja evangélica parecem estar inconscientes do chamado bíblico para cuidar das viúvas, mesmo quando abraçam o ministério para os órfãos e os pobres. Até mesmo entre aqueles que reconhecem as viúvas como um grupo distinto identificado nas Escrituras, muitas igrejas ainda não fazem desse ministério uma prioridade.

Desejo de Deus

Austin Walker apresenta a melhor definição de viúva que já li e expressa muito bem os desafios singulares que uma viúva enfrentava nos dias do antigo Israel:

> Uma viúva é uma mulher casada cujo marido faleceu e que permanece não casada. Na Bíblia, luto, choro e um senso de desolação, desilusão, amargura, solidão e desamparo eram frequentemente experimentados por um viúva após a morte de seu marido. A perda de um marido era uma tragédia econômica e social. Cair em dívida e pobreza, às vezes, mas nem sempre, resultava de perder a principal fonte de seu sustento financeiro. Tornar-se viúva deixava uma mulher vulnerável. Ela era colocada frequentemente ao lado de pessoas em situação semelhante, como o estrangeiro (o imigrante sem-terra) e o órfão (e.g., Êx 22.21-22; Dt 24.17-21). Sua condição problemática se agravaria se ela não tivesse um filho capaz de ajudá-la a cultivar a terra

herdada do marido. Por tais circunstâncias, as viúvas eram geralmente marginalizadas. Portanto, não é surpreendente descobrir no antigo Israel que elas eram consideradas pessoas em necessidade de proteção especial.[23]

As viúvas eram recomendadas ao cuidado especial do povo de Deus nos tempos do Antigo Testamento. Embora Deus tenha prometido cuidar de seu povo escolhido, os israelitas, ele também fez promessas de provisão e cuidado em relação a pessoas específicas que tinham necessidades singulares. O salmista diz que o Senhor é "pai dos órfãos e juiz das viúvas" (Sl 68.5). Órfãos e viúvas tinham um lugar especial no coração de Deus. E isso é mostrado em várias passagens dos cinco primeiros livros da Bíblia. Esse cuidado é visto poderosamente em alguns dos relatos históricos do Antigo Testamento. No livro de Rute, testemunhamos o cuidado de Deus por Rute, uma viúva que não tinha filhos, quando a abençoa com graça redentora em seu casamento com Boaz, colocando-a na linhagem direta do rei Davi e, por fim, do Messias, Jesus Cristo. O profeta Jeremias fala do cuidado de Deus para com as viúvas, inclusive de outras nações. Falando de Edom, Jeremias cita estas palavras do próprio

---

23 Brian Croft e Austin Walker, *Care for Widows* (Wheaton, IL: Crossway, 2015).

Deus: "Deixa os teus órfãos, e eu os guardarei em vida; e as tuas viúvas confiem em mim" (Jr 49.11).

Esses são apenas alguns exemplos, mas revelam a compaixão de Deus por aqueles que enfrentavam essa perda dolorosa. Deus também chama seu povo, por meio de várias leis, a cuidar do estrangeiro, do órfão e da viúva (Dt 24.19).

O chamado da igreja

O livro de Atos revela vários incidentes importantes, na igreja primitiva, que nos ajudam a entender como os primeiros seguidores de Cristo praticaram a ênfase do Antigo Testamento sobre cuidar das viúvas. Foi um ministério ao qual deram prioridade ou eles fizeram isso motivados por outros interesses?

Um dos melhores exemplos da abordagem deles ao cuidado com as viúvas se encontra em Atos 6.1-7. Os apóstolos souberam que certas viúvas da igreja não estavam sendo assistidas de maneira apropriada. Ao reconhecer isso como uma questão importante, eles instruíram os líderes da igreja a instituírem sete homens piedosos, cheios do Espírito Santo, para que se encarregassem de cuidar das viúvas. Frequentemente, vejo pastores usarem essa passagem para ensinar sobre liderança ou oferecer discernimento sobre os ofícios da igreja e os papéis de pastor e diácono (1Tm 3.1-14). No entanto, a tarefa para a qual esses homens cheios do Espírito foram designados é comumente ignorada. A primeira tarefa, a responsabilidade primária, era garantir que as viúvas da igreja primitiva, que estavam sendo esquecidas na distribuição diária de alimento, recebessem cuidado adequado. Lucas considerou que era importante sabermos e entendermos esse incidente; e, por isso, quando escreveu Atos, ele o incluiu em sua história da igreja primitiva. Evidentemente, o cuidar das viúvas era uma prioridade na igreja primitiva.

Mas essa prioridade desaparece à medida que a igreja vai crescendo e se estendendo a outras culturas? Em sua carta a Timóteo, Paulo exorta Timóteo a se assegurar de que o cuidado intencional das viúvas seja prioridade na igreja (1Tm 5.3-16). De fato, Paulo dedica a maior parte do capítulo a dar instruções detalhadas sobre esse assunto. Ele explica quem se qualifica como viúva, aborda diferentes circunstâncias que as viúvas podem estar enfrentando e dá conselhos sobre como as igrejas devem cuidar voluntariamente das viúvas nessas circunstâncias. Paulo desejava que Timóteo entendesse que o cuidar das viúvas ainda era uma prioridade indispensável na igreja. Essa prioridade da igreja primitiva não deveria continuar sendo uma prioridade hoje?

Além de Paulo e Pedro, Tiago salienta esse ministério, definindo da seguinte forma a religião pura e aceitável a Deus: "Visitar os órfãos e as viúvas nas suas tribulações e a si mesmo guardar-se incontaminado do mundo" (Tg 1.27). Tiago concentra sua a atenção nas obras da vida cristã que refletem a fé verdadeira e a religião pura aos olhos de Deus; e o cuidar das viúvas e dos órfãos é apresentado como uma prioridade incontestável. Todo pastor do evangelho do Senhor Jesus Cristo deve atentar a essas ordens e procurar engajar-se ativamente em cuidar das viúvas. Mas o que isso significa? Como um pastor se engaja nesse ministério?

FERRAMENTAS PASTORAIS PARA CUIDAR DAS VIÚVAS

A Bíblia está cheia de exemplos do cuidado de Deus para com as viúvas e de mandamentos de Cristo, por meio dos apóstolos, para sua igreja ministrar às viúvas. Todavia, até mesmo pastores biblicamente versados podem não ver esses imperativos e não saber como cuidar das necessidades das viúvas. Não conhecem as intensas ondas de solidão e desespero que uma viúva pode experimentar nos vários estágios de tristeza. Para ministrar às viúvas, você precisará de alguma ajuda. Eis algumas sugestões que o preparam para ministrar intencionalmente em face dos desafios singulares que as viúvas enfrentam.[24]

Ministre a Palavra

Você pode começar por mostrar biblicamente a uma viúva que é desejo de Deus prover-lhe cuidado.

---

24 Boa parte da seção prática deste capítulo se encontra na obra de Brian Croft e Austin Walker intitulada *Caring for Widows* (Wheaton, IL: Crossway, 2015).

Leia algumas passagens da Escritura que falam claramente sobre o cuidado de Deus, incluindo aquelas que abordam necessidades e desafios específicos. Depois, assegure-se de orar por essas necessidades. Prepare-se por meio da seleção de algumas passagens que falem à solidão e ao desespero que uma viúva pode estar experimentando. Faça perguntas sobre como ela está indo. As respostas lhe mostrarão o que mais compartilhar. Considero proveitoso refletir sobre passagens em várias categorias. Considere essas cinco áreas, com versículos que podem ser proveitosos, dependendo da situação com a qual você está lidando:

- **Passagens de conforto especialmente para viúvas:** Salmos 23, 28, 34, 46, 62, 68.5; 113; Jeremias 49.11; Hebreus 4.14-16
- **Passagens que mostram o cuidado intencional de Deus com as viúvas:** Deuteronômio 16.11; Rute 1-4; 1 Reis 17; Salmos 146.9; Lamentações 1.1-2; Lucas 7.12-13; Atos 6.1-7; 1 Timóteo 5.1-10.
- **Passagens sucintas que apresentam o evangelho:** João 11.25-26; Romanos 5.6-11; 2 Coríntios 5.17-21; Efésios 2.1-10
- **Passagens que lidam com o propósito do sofrimento para o crente:** 2 Coríntios 12.7-9; Tiago 1.2-4; 1 Pedro 1.6-7; 4.12-19

+ **Passagens relacionadas à realidade e à esperança da eternidade com Cristo:** João 10.27-30; 14:1-3; Filipenses 1.21-23; 1 Pedro 1.3-5

Ter essa lista ou algumas passagens em mente o tornará mais bem preparado para lidar com as diferentes emoções que as viúvas experimentam — emoções que vão da tristeza à ira. Acima de tudo, não esqueça a Bíblia. Não importando a passagem que você escolher para o momento, ore em harmonia com as verdades dessa passagem. Quando você faz isso, reitera as verdades da Escritura que acabou de ler e mantém o foco no que você espera que a viúva entristecida retenha após a sua visita.

Ouça e aprenda

Não era segredo. Todos sabiam que a sra. Tillie Roberts era uma das viúvas favoritas para eu visitar. Ela viveu 106 anos e morreu a apenas três meses de seu aniversário seguinte. Mesmo em seus dias finais, Tillie entendia as coisas com facilidade. Até os 103 anos de idade, ela ia para a igreja dirigindo o próprio carro. Fora viúva por mais de quarenta anos e nunca voltou a se casar, continuando a viver sozinha em sua casa. Com frequência, ela encontrava minha esposa e nossos quatro filhos na mercearia e sempre lembrava seus nomes e dia de nascimento! Tillie amava Jesus.

Amava a nossa igreja. Era sempre cordial e me apoiava como seu pastor. Era uma mulher admirável.

Ao visitá-la no decorrer dos anos, Tillie me ensinava muitas coisas. Entre as coisas mais importantes, estavam as disciplinas de *ouvir* e *aprender*. Eu sou fã de história, e essa mulher já vivera quase quatro vezes meu tempo de vida! Havia muito para eu aprender. Somente um tolo não ouviria e não aprenderia com essa mulher experiente de Deus.

Ouça

Quando ministrar a uma viúva, especialmente quando estiver na companhia dela em seu lar, comece por ouvir sua história. Faça perguntas sobre sua vida. Permita-lhe contar histórias sobre sua infância. Pergunte sobre sua vida com o marido — e ouça. Pergunte-lhe como o conheceu e como chegou a saber que deveria casar-se com ele. Pergunte sobre os primeiros anos de casamento e os desafios financeiros que enfrentaram em diferentes momentos de sua vida — e ouça-a. Faça perguntas sobre os filhos e netos, e as maneiras pelas quais ela foi abençoada em tê-los em sua vida. Pergunte-lhe sobre como ela e seu marido ganharam a vida e os diferentes lugares em que moraram. Faça perguntas sobre o lar; permita que ela o leve para conhecer a casa e ajude-o a imergir no mundo dela. A decoração na casa talvez represente algo importante e especial. Ouça-a enquanto ela compartilha.

Ouça também sobre a jornada espiritual dela. Faça-lhe perguntas sobre seu andar com Cristo. Pergunte sobre seu testemunho e quando ela chegou a perceber a necessidade de Jesus; ouça e se alegre. Faça perguntas sobre a igreja na qual ela cresceu e sobre sua história com a igreja que você pastoreia — e ouça. Pergunte quais passagens da Palavra de Deus são mais significativas para ela. Pergunte sobre as pessoas que talvez a discipularam e por que esses relacionamentos foram tão significativos. Pergunte sobre seus sofrimentos e como sua fé foi sustentada nesses sofrimentos; ouça cuidadosamente. Pergunte e ouça. Ouvir é um dom que permite a ela sentir o valor que Deus coloca em sua vida e lembrar tudo que o Senhor fez por ela. Provê uma maneira saudável para ela dar continuidade ao seu processo de luto e uma oportunidade para você aprender sobre a vida dela e conhecê-la melhor.

Aprenda

O que você aprende ao ouvir viúvas? Poucos momentos da vida nos proporcionam a clareza e a perspectiva que uma pessoa obtém quando experimenta perdas profundas. Certamente, a perda de um cônjuge é um desses momentos. À medida que você vai fazendo perguntas, aprenderá sobre essa santa preciosa entregue ao seu cuidado. Aprenderá sobre sua vida: suas alegrias e lutas, os sofrimentos que suportou, suas perdas dolorosas e suas vitórias estimulantes. Aprenderá sobre sua fé: como Cristo a salvou, como Cristo andou com ela em meio aos sofrimentos, como Cristo lhe ministrou graça durante a vida e até coisas sobre a igreja que talvez você não saiba.

No entanto, se você fizer as perguntas certas e ouvir bem, aprenderá não somente sobre a fé e a vida da viúva, mas também sobre a sua própria. Uma vez que a maioria das viúvas tem experimentado sofrimento e perseverado por meio de uma fé vigorosa em Jesus Cristo, confiando na soberana bondade de Deus, a perspectiva delas sobre a vida contém riqueza de sabedoria e fé. É trágico que muitos pastores vejam membros idosos como fardos que sobrecarregam a congregação, impedindo-a de avançar. As viúvas idosas são algumas das pessoas mais perspicazes que devemos ouvir e com as quais devemos aprender, porque têm perseverado. Sua fé tem permanecido inabalável no transcorrer das décadas.

Aprendi muito ao dedicar meu tempo a ouvir Tillie Roberts. Sempre que eu a visitava em sua casa, ela compartilhava retratos e histórias de móveis e lugares especiais de sua casa onde ela caíra. Falava de sua fé persistente em Jesus. Eu ouvi histórias da Grande Depressão, aprendi o que era a vida sem carros, aviões, televisão ou internet. Das pessoas que eu conhecia, ela era a única capaz de explicar as antigas ferramentas de lavoura penduradas nas paredes em Cracker Barrel.

Quando realizei seu funeral, lembrei tudo que aprendi com ela, especialmente as histórias de sua vida que me capacitaram a cuidar melhor das outras pessoas e me tornaram um pastor mais sábio. Sua fé perseverante me desafiou a me esforçar para ter a mesma fidelidade em minha própria vida. Foram momentos especiais. Mas não acontecem imediata e facilmente. Exigem tempo. Tempo gasto para ouvir e aprender.

DÊ UM PRESENTE

Toda pessoa ama receber um presente. Algumas pessoas amam presentes mais do que outras. Mas quase todas as pessoas apreciam os sentimentos por trás de um presente. Um presente diz: "Eu amo e aprecio você". Comunica preocupação e intencionalidade. Dar um presente a uma viúva pode ser um gesto especialmente encorajador para ela. Viúvas são mulheres que antes eram esposas, e muitas delas são mães e avós. Muitas fizeram esforço sacrificial para dar presentes a outras pessoas e sabem o que um presente significa. Uma viúva, como qualquer outra pessoa, será singularmente encorajada pelos presentes que atendem a certa necessidade sua. Penso frequentemente em três categorias: um presente necessário, um presente comestível e um presente sentimental. Tento pensar em coisas que lhe serão úteis de modo singular. Os diáconos de uma igreja local podem ajudar coletando e distribuindo os presentes para atender a essas necessidades físicas e emocionais e, dessa maneira, ser o mesmo tipo de servos que na igreja primitiva foram separados para essa tarefa (At 6.1-7).

Um presente necessário

Você já ouviu alguém dizer: "Preciso ter aquele novo telefone" ou "Preciso ver aquele filme assim que sair em Blu-ray"? Às vezes, convencemos a nós mesmos de que essas são as coisas de que realmente necessitamos. Porém, frequentemente, elas são nada mais do que desejos camuflados de necessidades. Um presente necessário é algo que satisfaz a uma necessidade real, algo de que uma viúva necessita para que possa perseverar em sua vida diária. Por exemplo, em nossa igreja temos uma refugiada, uma viúva com vários filhos. Ela não está preocupada em ter o mais recente e melhor celular (embora talvez precise de um). Ela quer simplesmente saber o que seus filhos terão para comer naquele dia. Não está preocupada com o filme que está sendo exibido nos cinemas. Está se perguntando se o locador vai despejá-la de seu apartamento. Muitas viúvas têm muitas necessidades reais que um pastor pode incentivar sua igreja a satisfazer. Um presente que satisfaça a uma necessidade imediata é uma maneira bíblica de servir a uma viúva. Pode agir como um grande encorajamento quando ela vê a provisão de Deus por meio de sua igreja.

No meses de inverno, quando o clima se torna frio, as pessoas mais velhas têm diversas necessidades específicas. Talvez precisem de ajuda para manter em ordem seu patrimônio: colocar sal nas calçadas ou remover a neve da rua. As noites mais longas, mais escuras e mais frias podem aumentar a depressão e intensificar os sentimentos de solidão. Você pode atender às necessidades de viúvas cortando a grama, rastelando folhas, limpando calhas, oferecendo uma carona para ir e voltar da igreja ou para ir a consultas médicas, trocando lâmpadas ou apenas fazendo a manutenção dentro da casa. Surpreendê-las com esses atos inesperados de serviço é um presente especialmente agradável.

Um presente comestível

Nem todas as viúvas têm necessidades financeiras ou físicas. Um marido sábio pode ter investido dinheiro antes de falecer, para garantir que sua mulher tivesse o suficiente para viver. A própria viúva pode ser capaz de administrar seus recursos. E outro bibelô para entulhar a cornija da lareira seria a última coisa que você desejaria levar para uma viúva. Em vez disso, faça uma pesquisa e descubra quais iguarias ela gostava de fazer para si mesma, seu marido e seus filhos. Asse um bolo ou compre um e levo-o para ela em sua próxima visita. Descubra se ela tem um café ou um chá favorito, embrulhe-o para presente, com um laço primoroso, e entregue a ela. Em um Natal, minha esposa fez chocolates especiais com nossos filhos. Depois, fizeram entregas especiais a cada uma das viúvas idosas de nossa congregação. Uma viúva pode não ter necessidades físicas imediatas, mas você sempre pode encontrar maneiras de iluminar seu dia e lembrá-la de que não foi esquecida.

Um presente sentimental

Os presentes mais significativos que tenho recebido são aqueles feitos apenas para mim. Estou pensando nos cartões que meus filhos fizeram para mim ou nos cartões inteligentes e escritos à mão feitos por minha esposa. Em outros casos, pode ser um ingresso para um evento esportivo de um amigo que se lembrou de como eu queria estar lá. Os presentes que comunicam consideração são os mais significativos, e os presentes para viúvas não são diferentes. Uma das melhores abordagens é descobrir que tipo de presentes sentimentais o marido da viúva costumava dar-lhe; assim, você será capaz de encontrar algo semelhante que animará o espírito dela, porque esses presentes lhe recordarão o modo como seu marido costumava demonstrar-lhe amor, permitindo-lhe experimentar esse amor novamente no amor manifestado por sua igreja.

Ministrar graça a uma viúva com um presente é mais do que apenas o presente. É também comunicar a mensagem por dar o presente. Faça seu dever de casa!

Descubra quais são as necessidades físicas da viúva. Ou prepare algumas iguarias. Ou peça a seus filhos que façam um cartão afirmando que você a aprecia. Presentes assim são usados frequentemente por Deus de maneiras que você não pode saber nem mesmo imaginar. Esses presentes podem lembrar poderosamente a uma viúva que ela não foi esquecida.

ENVOLVA SUA ESPOSA E SUA FAMÍLIA

Um dos funerais mais difíceis que já realizei foi o de um marido e pai jovem, um homem que era diácono em nossa igreja. Esse querido irmão morrera em um acidente de carro, deixando esposa e filhos. Naquele período de tristeza para sua família, minha esposa desempenhou papel essencial em cuidar da viúva que experimentava dor profunda. Como pastor, não parta da suposição de que você precisa ministrar sozinho. Acima de tudo, não presuma que você *pode* ministrar sozinho. Se você tem uma família, Deus a usará frequentemente para trazer bênção e consolo aos membros de sua igreja.

Os pastores chamam sua esposa para tantas coisas: liderar uma classe de Escola Dominical quando um professor fica doente ou levar um prato extra a uma celebração na igreja, por exemplo. Entretanto, ainda mais importante é o papel que a esposa do pastor pode realizar quando serve a outras mulheres que estão em crise. Isso é especialmente verdadeiro quando você tem de lidar com uma viúva. Quer seja um viúva jovem que perdeu o marido repentinamente, que seja uma mulher mais velha que perdeu o marido de 50 anos, a esposa do pastor é um recurso inestimável quando você tem de cuidar dessas viúvas. E sua esposa pode ser, frequentemente, modelo e incentivo para que outras mulheres sirvam de maneira semelhante na igreja.

O cuidado de sua esposa em relação às viúvas é um grande modelo para que as mulheres mais jovens cuidem das mais velhas. Viúvas idosas apreciam o cuidado de qualquer pessoa da igreja, mas amam especialmente o cuidado de mulheres mais novas. Tenho ouvido muitas viúvas mais velhas compartilharem que acham isso semelhante a receber o cuidado de uma filha, mesmo que nunca tenham tido uma filha.

Quando as mulheres mais novas se envolvem, Deus também provê uma oportunidade para as mulheres mais velhas as instruírem e encorajarem, seguindo o padrão bíblico apresentado em Tito 2.3-4. Essas interações podem ser profundamente úteis para uma mulher mais nova, porque ela recebe de uma mulher mais velha instrução sábia e perspectiva sobre a vida. Nem toda mulher tem desfrutado essa oportunidade, e muitas acham que são abençoadas pela experiência. Em nossa igreja, temos uma viúva idosa que está na casa de seus 95 anos. Essa mulher foi casada por mais de cinquenta anos e teve sete filhos, incluindo gêmeos.

Essa mulher é uma fonte maravilhosa de sabedoria e discernimento para as mulheres mais novas e mães na igreja. As mulheres mais novas da igreja têm muito a aprender com mulheres como essas. E essas mulheres idosas amam usar seus muitos anos de experiência para servir ao povo de Cristo.

No que diz respeito às viúvas mais novas, a esposa de um pastor pode ser uma amiga especial, uma companheira e uma sábia parceira na responsabilidade. Nós, pastores, precisamos deliberadamente envolver nossa esposa no cuidado das viúvas mais novas, não somente por causa da companhia que podem oferecer, mas também para nos ajudar a evitar que fiquemos enlaçados em situações perigosas, quando gastamos tempo em ministrar a mulheres vulneráveis que lutam com desafios emocionais e espirituais causados por sua perda. Gostaria que não tivesse acontecido, mas vi um pastor deixar sua esposa para se casar com uma viúva mais nova de sua congregação. Embora muitos pastores auxiliem viúvas com as melhores intenções, devemos lembrar que ninguém está acima da tentação, e os pastores devem guardar sua vida e seu coração por evitarem situações potencialmente comprometedoras. Nunca devem subestimar as emoções que podem ser despertadas nesses momentos, e um guarda especial precisa estar em atividade quando ele estiver atendendo a viúvas necessitadas. A esposa do pastor pode ajudá-lo a ministrar mais de perto nessas situações, permitindo-nos cuidar de mulheres jovens enquanto permanecemos acima de repreensão.

Cuidar de viúvas, tanto jovens como velhas, pode ser um dos papéis mais significativos e recompensadores que uma esposa de pastor pode realizar, mas não depende exclusivamente de seu próprio envolvimento. A participação da esposa chamará frequentemente outras mulheres, esposas e senhoras da igreja local a se envolverem da mesma maneira. Às vezes, pequenos grupos de mulheres se reunirão para congregar. Encoraje sua esposa a se envolver nesse ministério, se ela for capaz e estiver disposta. E incentive outras mulheres a se unirem para garantir que o dever do ministério não repouse fortemente apenas sobre sua esposa.

Nunca subestime o impacto que os filhos também podem ter na vida dos outros. Certa vez, conduzi o funeral de uma viúva amada em nossa igreja e lembrei-me das bênçãos de ter pessoas mais velhas conectadas com nossos jovens e da influência positiva que as viúvas idosas podem ter sobre nossos filhos. Quando levei minha família ao funeral, fomos saudados pelos familiares daquela mulher. Não nos conhecíamos antes, mas, de algum modo, eles sabiam os nomes de meus filhos e falaram a seu respeito e do amor que ela sentia por eles. A família ficou empolgada em conhecer as crianças a respeito das quais sua amada lhes falara. Comecei a perceber quanto meus filhos me ajudaram no auxílio àquela viúva no decorrer dos anos. As expressões de amor da família dela me mostraram que eles lhe haviam levado alegria de um modo que eu jamais poderia ter feito somente com minhas visitas. Aquela mulher idosa amava afetuosamente crianças, mas nunca tivera as suas próprias. No entanto, ela amou as minhas. De fato, essa era uma das muitas razões por que eu amava e apreciava aquela senhora.

Aqueles de nós que são pais sabemos que os filhos são um dom de Deus. Mas às vezes podemos esquecer que nossos filhos também são um dom para nossa igreja, se estivermos dispostos a compartilhá-los. Toda igreja tem viúvas idosas que se alegram genuinamente quando um membro da igreja as visita e leva seus filhos para a visita.

Além disso, essas experiências são boas para os filhos. Aprender a amar e a entristecer-se é um grande benefício para um filho. Vi isso quando saíamos de uma visita, e minhas duas filhas mais velhas, que, na ocasião, tinham sete e dez anos, começaram a chorar. Não gosto de ver minhas filhas chorarem, mas o choro me lembrou que minhas filhas tinham afeição genuína por aquela mulher. Tinham aprendido a amar, agora estavam aprendendo a vivenciar o luto. Pais querem erroneamente proteger seus filhos da exposição à morte quando são mais novos, mas um momento como este é um dom maravilhoso de Deus que ajuda nossos filhos a entender a realidade da morte. Ensine seus filhos a serem gratos a Deus por conhecer essas pessoas especiais e a colocarem sua confiança e esperança no evangelho.

Por fim, envolver seus filhos em cuidar de viúvas e idosos os ajudará (bem como as pessoas mais velhas da igreja) a apreciar sua necessidade de outras pessoas. Infelizmente, a igreja local constituída de gerações diferentes está desaparecendo em muitos lugares hoje. Mas isso não deveria ser assim. A melhor maneira de combater a segregação de idade na igreja é fazer intencionalmente coisas que levam jovens e velhos a crescerem juntos no amor e na afeição cristã mútua. Senti-me profundamente grato pela maneira como uma viúva que nunca teve seus próprios filhos amou fielmente muitas crianças de nossa igreja como se fossem seus próprios filhos.

Filhos não são um obstáculo ao nosso ministério. Pelo contrário, eles são um dom valioso de Deus para nós. Certamente, incluí-los no ministério pode exigir um pouco de planejamento e intencionalidade, mas os benefícios valem a pena.

Adote durante os feriados

Os feriados são dias de alegria para muitas pessoas, mas também podem ser ocasiões de grande tristeza para outras. Especificamente as viúvas costumam lutar com recordações e sentimentos de tristeza nessas ocasiões do ano. Para uma viúva, o Natal, o Dia de Ação de Graças e os aniversários são, todos, lembretes de que seu marido partiu. Na agitação dos feriados, os membros da família estão preocupados com outras coisas e esquecem que esse pode ser um momento desanimador e triste para seus entes queridos. Às vezes, as viúvas são esquecidas na grande agitação do evento ou da ocasião. Pastores, diáconos e membros de igreja podem servir às viúvas adotando-as por um tempo, ao incluí-las nos planos de sua família para o feriado.

Uma das melhores maneiras de honrar as viúvas no período de feriado é preparar um jantar especial para elas. Conheço um pastor que, ao lado de sua esposa, planejou um grande jantar em sua igreja apenas para honrar as viúvas no Natal. Visto que muitas delas não tinham familiares por perto naquele momento, foi uma excelente maneira de lembrá-las de que o corpo de Cristo é sua família. Além de oferecer a refeição, você pode dar pequenos presentes, cartões ou outras iguarias que lembram às mulheres que elas são amadas, valorizadas e honradas. Pode honrá-las também ao torná-las o foco de seu tempo de oração, durante as reuniões públicas. Uma das atividades de nossa igreja é sair no sábado à noite perto do Natal e visitar os lares de viúvas idosas.

Entoamos canções de Natal que honram a Cristo, e famílias inteiras se reúnem para um grande momento de confraternização. As viúvas de nossa igreja são encorajadas e sentem-se valorizadas por essas visitas. São fortalecidas pela comunhão e lembradas de que Cristo não as esqueceu, nem o povo de Cristo.

Talvez você queira convidar uma viúva para um jantar de ação de graças ou de Natal com sua família. Penso em meus próprios anos como criança, e os jantares de Ação de Graças e Natal que mais se destacaram foram aqueles em que uma viúva idosa se reunia inesperadamente conosco para jantar — alguém que meu pai convidava à nossa casa no último minuto. Posso imaginar que grande bênção isso foi para aquelas senhoras solitárias que tinham uma refeição com nossa família, em vez de ficarem sozinhas em seu lar.

Nunca subestime suas oportunidades de abençoar e encorajar as viúvas, em especial durante os feriados. Se você sair de sua zona de conforto servindo-se dessas maneiras simples, sei que não lastimará a comunhão que experimentará com essas mulheres santas e amadas. Nosso Deus misericordioso adotou cada um de nós em sua família eterna por meio do precioso sangue de Jesus. Essa é uma oportunidade maravilhosa para refletir essa graça e salientar nossa adoção eterna por recebermos uma viúva idosa em nosso lar nos feriados.

CONCLUSÃO

Se os pastores querem que seu ministério reflita o amor de Deus e o ministério da igreja primitiva, então cuidar das viúvas é algo essencial. Entender os mandamentos da Escritura não é suficiente. O cuidado apropriado e eficiente em favor das viúvas exige consideração diligente das necessidades singulares de cada viúva. Lembre-se de que, embora outros ministérios clamem por sua atenção, as viúvas não lutarão por seu tempo e por sua atenção. Somente será possível cuidar delas e torná-las uma prioridade em seu ministério quando Deus falar ao seu coração e movê-lo a agir com fé e obediência. E isso significa que você será abençoado. Um ministério mais recompensador será experimentado quando você cuidar das viúvas de sua igreja.

PARTE TRÊS
FIDELIDADE

CAPÍTULO 8
CONFRONTE O PECADO

"Se teu irmão pecar [contra ti], vai argui-lo entre ti e ele só. Se ele te ouvir, ganhaste a teu irmão. Se, porém, não te ouvir, toma ainda contigo uma ou duas pessoas, para que, pelo depoimento de duas ou três testemunhas, toda palavra se estabeleça. E, se ele não os atender, dize-o à igreja; e, se recusar ouvir também a igreja, considera-o como gentio e publicano."

Mateus 18.15-17

Há ocasiões em que falar a verdade machucará alguém, mas, se cremos que a verdade tem o poder de nos libertar, então a melhor coisa que podemos dizer a alguém é uma palavra que trará convicção ao seu coração. Nenhum de nós gosta de dizer palavras que possam ferir alguém, mas, com frequência, essas palavras são exatamente aquilo de que uma pessoa precisa para ter esperança e se curar. A mãe de Charles Spurgeon foi um exemplo disso para seu filho quando ele era jovem e rebelde. Refletindo sobre sua experiência no passado, Spurgeon escreveu as seguintes palavras:

> Era costume, nos domingos à noite, embora fôssemos poucos filhos, mamãe permanecer em casa conosco. Na ocasião, sentávamos ao redor da mesa e líamos a Escritura, versículo por versículo, enquanto mamãe a explicava para nós. Depois disso, vinha o tempo de súplicas; havia uma pequena leitura de *Alarme ao não convertido*, de Joseph Alleine, ou de *Chamado ao não convertido*, de Richard Baxter; e este era lido com algumas observações pungentes feitas a cada um de nós quando estávamos ao redor da mesa. E fazia-se a seguinte pergunta: até quando não pensaríamos no estado de nossa alma e até quando não buscaríamos o Senhor. Depois, havia a oração de mamãe, e algumas palavras dessa oração nunca esqueceríamos, mesmo quando nossos cabelos estivessem grisalhos. Lembro-me de que, em certa ocasião, ela orou assim: "Senhor, se meus filhos continuarem no pecado, eles não perecerão por ignorância; e minha alma terá de dar testemunho contra eles no dia do juízo, se não se apropriarem de Cristo". Esse pensamento de mamãe dar testemunho contra mim atingiu minha consciência e despertou meu coração.[25]

---

25 Charles H. Spurgeon, *Autobiography, Volume 1: The Early Years, 1834–1859* (1898; repr., Edinburgh: Banner of Truth, 1962), 43-45.

Um pai fiel não diz somente o que um filho *quer* ouvir. Um pai fiel diz o que o filho *precisa* ouvir. Pais fiéis falam a verdade aos filhos em benefício do crescimento deles no longo prazo. E pastores do rebanho de Deus não são diferentes de pais fiéis. Um pastor fiel tem de estar disposto a fazer e dizer as coisas árduas das quais seu rebanho necessita para tornar-se maduro e permanecer saudável.

Esse é um dos deveres mais difíceis para os atarefados pastores modernos. Poucos pastores esperam confrontar o pecado nos outros. Por isso, essa responsabilidade é frequentemente ignorada; mas não pode ser ignorada por muito tempo. Todos os cristãos lutam contra o pecado. Todos os pastores lutam contra o pecado. E essa é a realidade que enfrentaremos até que Jesus retorne para nós. Isso não significa que somos chamados a confrontar todo e qualquer pecado que testemunhamos na vida de outra pessoa. Não somos chamados a policiar os outros, vigiando-os até que falhem e, assim, nos apressemos a confrontá-los.

Não, há uma razão por trás de nosso chamado para confrontar. Nós confrontamos o pecado movidos pelo amor a Deus, à pessoa que peca e à nossa igreja. Confrontamos o pecado para honrar o nome de Cristo, na esperança de que, falando a verdade, levaremos a pessoa ao arrependimento e à restauração. Confrontar o pecado é algo em que todos os cristãos se engajam uns com os outros em seus relacionamentos. Mas, quando os cristãos caem em padrões de pecado contra os quais resolvem não mais lutar e dos quais não querem arrepender-se, precisamos agir de um modo especial. Nessas situações, o processo de correção é conhecido como disciplina eclesiástica. E os pastores devem liderar a igreja local para que se envolva nessa tarefa. Neste capítulo, veremos o que a Bíblia ensina sobre a responsabilidade das igrejas locais em conduzir a disciplina eclesiástica. Em seguida, veremos algumas das maneiras pelas quais os pastores devem liderar suas igrejas nesse processo.

ÁREAS BÍBLICAS DE INTERVENÇÃO PASTORAL

O Novo Testamento dá uma clara orientação a respeito de confrontar o pecado na vida de um cristão e oferece algumas maneiras de abordarmos esse processo, dependendo da circunstância específica com que deparamos.

Pecado impenitente

O processo de confrontar uma pessoa vem do próprio Senhor Jesus. Ele nos dá um processo claro que devemos seguir quando encontramos um irmão ou uma irmã em Cristo que não se arrepende de certos pecados em sua vida, especialmente pecados contra outras pessoas:

> Se teu irmão pecar [contra ti], vai argui-lo entre ti e ele só. Se ele te ouvir, ganhaste a teu irmão. Se, porém, não te ouvir, toma ainda contigo uma ou duas pessoas, para que, pelo depoimento de duas ou três testemunhas, toda palavra se estabeleça. E, se ele não os atender, dize-o à igreja; e, se recusar ouvir também a igreja, considera-o como gentio e publicano.
>
> Mateus 18.15-17

Aqui está o processo de disciplina eclesiástica, em três passos, que devemos seguir quando confrontamos irmãos ou irmãs em Cristo:

Passo 1: Se pecarem contra você, admoeste-os em particular. Se o ouvirem, você os ganhou;

Passo 2: Se não o ouvirem, tome consigo duas ou três testemunhas. Então, se continuarem recusando-se a ouvir, diga-o à igreja.

Passo 3: Caso se recusem a ouvir até mesmo a igreja, trate-os como trataria um pagão ou um publicano.

O alvo da disciplina eclesiástica é claro: trazer de volta seu irmão ou irmã em Cristo a um estilo de vida que honre a Cristo. Esse irmão está vivendo em pecado, não se importa e não quer ouvir ninguém que o confronta sobre o pecado. Nessa situação, falar a verdade de Deus a esse irmão e confrontá-lo são, na realidade, atos de amor. Permitir que uma pessoa viva em franca rebelião sem adverti-la não é amar. Por isso, Jesus nos chama a confrontá-la em amor, a fim de ganhá-la de volta. Mas isso não é fácil. Como pastor, suas ovelhas não se envolverão facilmente nisso, a menos que você as guie nesse sentido.

Uma falta de disciplina

A igreja de Tessalônica era um modelo de igreja fiel, de muitas maneiras. Mas alguns crentes entre eles não estavam vivendo sua transformação em Cristo. O apóstolo Paulo escreveu a essa igreja falando sobre esses indivíduos e como identificá-los:

> Nós vos ordenamos, irmãos, em nome do Senhor Jesus Cristo, que vos aparteis de todo irmão que ande desordenadamente e não segundo a tradição que de nós recebestes; pois vós mesmos estais cientes do modo por que vos convém imitar-nos, visto que nunca nos portamos desordenadamente entre vós, nem jamais comemos pão à custa de outrem; pelo contrário, em labor e fadiga, de noite e de dia, trabalhamos, a fim de não sermos pesados a nenhum de vós; não porque não tivéssemos esse direito, mas por termos em vista oferecer-vos exemplo em nós mesmos, para nos imitardes. Porque, quando ainda

convosco, vos ordenamos isto: se alguém não quer trabalhar, também não coma. Pois, de fato, estamos informados de que, entre vós, há pessoas que andam desordenadamente, não trabalhando; antes, se intrometem na vida alheia. A elas, porém, determinamos e exortamos, no Senhor Jesus Cristo, que, trabalhando tranquilamente, comam o seu próprio pão. E vós, irmãos, não vos canseis de fazer o bem.

Caso alguém não preste obediência à nossa palavra dada por esta epístola, notai-o; nem vos associeis com ele, para que fique envergonhado. Todavia, não o considereis por inimigo, mas adverti-o como irmão.

2 Tessalonicenses 3.6-15

Aqui, Paulo não está se referindo àqueles que têm necessidades físicas legítimas e são incapazes de prover o suficiente para si mesmos. Paulo está falando de pessoas que estão se aproveitando da generosidade da igreja. Parece que alguns crentes de Tessalônica eram capazes de trabalhar e suprir as próprias necessidades, mas estavam se recusando a trabalhar e vivendo à custa de pessoas mais ricas. Paulo ordena que a igreja confronte o pecado da preguiça e a exploração da igreja. Ao mesmo tempo que não trabalhavam, esses cristãos preguiçosos se intrometiam nos afazeres de outras pessoas, levando-as ao pecado. Paulo exorta a igreja a disciplinar aqueles que eram indispostos para trabalhar e detalha como essas pessoas seriam ganhas por meio dessa confrontação.

Divisão

Em outra carta, Paulo escreve a seu pupilo Tito, encorajando-o a exercer disciplina eclesiástica e seguir um processo semelhante ao que Jesus ensinou (Mt 18.15-17), enquanto trabalha para estabelecer igrejas em Creta. Paulo instrui Tito a reconhecer aqueles que são prejudicialmente divisores e a confrontá-los desta maneira:

> Evita discussões insensatas, genealogias, contendas e debates sobre a lei; porque não têm utilidade e são fúteis. Evita o homem faccioso, depois de admoestá-lo primeira e segunda vez, pois sabes que tal pessoa está pervertida, e vive pecando, e por si mesma está condenada.
>
> Tito 3.9-11

As palavras de Paulo a Tito refletem as palavras de Jesus. Quando confrontamos alguém em seu pecado, temos de seguir um processo que nos ajude a determinar se essa pessoa é verdadeiramente convertida. Como Paulo disse, nós a advertimos uma vez e, depois, uma segunda vez. Se ela se recusa a se arrepender, Paulo escreve: "Evita". Esse processo revela que "tal pessoa está pervertida, e vive pecando, e por si mesma está condenada". Paulo ensina que o processo de disciplina eclesiástica pode ajudar-nos a revelar o verdadeiro estado da alma de uma pessoa.

Pecado público e escandaloso

Em vinte anos de ministério pastoral, uma de minhas experiências mais dolorosas foi saber que um dos membros da igreja estava abusando fisicamente de sua esposa. Outro pastor e eu nos reunimos com o casal; e foi uma situação embaraçosa e desanimadora. O homem não quis se arrepender e não atendeu à nossa confrontação. Nossa reunião com o casal levou, por fim, a uma reunião especial dos membros da igreja, uma reunião pública em que removemos imediatamente aquele indivíduo da membresia. Ao removê-lo da igreja, fizemos uma afirmação pública de seus atos, condenando-os e deixando os outros saberem que suas ações e seu estilo de vida eram incoerentes com os de uma pessoa que conhece Cristo.

À luz dos exemplos anteriores, você pode perguntar: *Por que houve a remoção imediata daquele indivíduo?* Para nos orientar, procuramos outra situação pública e horrível que Paulo abordou na igreja de Corinto: uma igreja cheia de membros arrogantes e divididos. Eles haviam julgado severamente Paulo e outros líderes da igreja, mostrando que valorizavam mais o mundo do que Cristo. Em sua arrogância, eles ignoravam um pecado grosseiro que existia na igreja, uma ação que não podia ser tolerada, nem ignorada:

> Geralmente, se ouve que há entre vós imoralidade e imoralidade tal, como nem mesmo entre os gentios, isto é, haver quem se atreva a possuir a mulher de seu próprio pai. E, contudo, andais vós ensoberbecidos e não chegastes a lamentar, para que fosse tirado do vosso meio quem tamanho ultraje praticou? Eu, na verdade, ainda que ausente em pessoa, mas presente em espírito, já sentenciei, como se estivesse presente, que o autor de tal infâmia seja, em nome do Senhor Jesus, reunidos vós e o meu espírito, com o poder de Jesus, nosso Senhor, entregue a Satanás para a destruição da carne, a fim de que o espírito seja salvo no Dia do Senhor [Jesus]. Não é boa a vossa jactância. Não sabeis que um pouco de fermento leveda a massa toda? Lançai fora o velho fermento, para que sejais nova massa, como sois, de fato, sem fermento. Pois também Cristo, nosso Cordeiro pascal, foi imolado. Por isso, celebremos a festa não com o velho fermento, nem com o fermento da maldade e da malícia, e sim com os asmos da sinceridade e da verdade.
>
> Já em carta vos escrevi que não vos associásseis com os impuros; refiro-me, com isto, não

propriamente aos impuros deste mundo, ou aos avarentos, ou roubadores, ou idólatras; pois, neste caso, teríeis de sair do mundo. Mas, agora, vos escrevo que não vos associeis com alguém que, dizendo-se irmão, for impuro, ou avarento, ou idólatra, ou maldizente, ou beberrão, ou roubador; com esse tal, nem ainda comais. Pois com que direito haveria eu de julgar os de fora? Não julgais vós os de dentro? Os de fora, porém, Deus os julgará. Expulsai, pois, de entre vós o malfeitor.

1 Coríntios 5.1-13

Vemos uma diferença importante entre o que Jesus disse em Mateus e a situação que Paulo abordou em 1 Coríntios 5. Em Mateus, o processo aborda uma questão de pecado privado contra outro cristão. Em 1 Coríntios 5, há uma questão de estilo de vida pecaminoso que se tornou um espetáculo público. Porque era público e contínuo, esse estilo de vida comunicava uma mensagem desastrosa sobre Cristo e sua igreja à cidade de Corinto e talvez até mesmo à região circunvizinha. Embora não houvesse rádio, televisão e internet no século I, as notícias escandalosas podiam espalhar-se rapidamente.

Parece que Paulo soube dessa situação por informação de outros e não diretamente da igreja (1 Co 5.1). Visto que era uma situação pública, exigia uma abordagem diferente e mais imediata do que seguir os três passos delineados em Mateus 18 e Tito 3. A expectativa era que "fosse tirado do vosso meio quem tamanho ultraje praticou" (1 Co 5.2). Paulo está dizendo que, numa situação pública como essa, em que há imoralidade grosseira, a igreja tem de afirmar para o mundo observador que esse não é, de modo algum, o comportamento de um verdadeiro seguidor de Jesus Cristo.

MOTIVADORES PASTORAIS PARA CONFRONTAÇÃO DO PECADO

A Escritura é clara em nos dizer que *temos de* confrontar o pecado, mas não diz que fazer isso é fácil. Outras exigências de nosso tempo podem triunfar em nossas prioridades. Por isso necessitamos de "motivadores" que nos ajudem a lembrar nossa responsabilidade pastoral de confrontar o pecado e guiar nossa igreja em santidade. Todos esses motivadores estão baseados na Bíblia e são práticos. A maioria deles está arraigada nas palavras de Paulo à igreja de Corinto, mas eles também estão implícitos em muitas outras passagens antes referidas.

Confronte o pecado para ser fiel à Escritura

Usando um tom firme e amável em suas cartas, Paulo ensina que a confrontação é necessária quando encontramos cristãos vivendo em pecado habitual e impenitente. Com muita frequência, a confrontação não leva aos resultados que desejamos. Os resultados podem ser desapontadores e até mesmo dolorosos. Portanto, nossa grande motivação não é a forma como a pessoa reage. Realizamos a confrontação motivados pela *obediência à Palavra de Deus*, independentemente de como alguém reage. Para ser honesto, toda situação de disciplina eclesiástica que já enfrentei foi dolorosa e difícil para toda a nossa igreja. Mas nossos sentimentos nunca devem sobrepujar o que Deus define claramente para nós em sua Palavra. Confrontamos o pecado como pastores do rebanho de Deus porque isso significa que somos fiéis à Escritura.

Confronte o pecado por causa da pureza da igreja

Paulo lembra aos coríntios que a indiferença deles para com a imoralidade grosseira na igreja é resultado de sua "jactância", que Paulo diz não ser "boa" (1Co 5.6). Em seguida, Paulo dá um exemplo para ajudá-los a entender por que é prejudicial à pureza da igreja que isso não seja confrontado. Ele pergunta: "Não sabeis que um pouco de fermento leveda a massa toda?". Paulo está se referindo ao fermento numa massa de pão que a faz crescer. É necessário somente uma pequena porção de fermento para fazer toda a massa crescer.

Essa ilustração da culinária lembra à igreja os perigos de permitir que o pecado continue sem confronto. É necessário somente um pequeno pecado para envenenar toda a igreja. Paulo está dizendo: "Removam o pecado do meio de vocês", antes que se propague em toda a igreja como ocorre com o fermento na massa. É doloroso realizar a disciplina eclesiástica, mas os pastores têm de realizá-la por causa da pureza da igreja de Cristo.

Confronte o pecado por causa do nome de Cristo

Paulo também escreve que a pureza na igreja é reflexo da transformação que Cristo operou em nossa vida. Paulo usa o exemplo do pão fermentado e passa a falar sobre a celebração da Páscoa. Paulo lembra a seus leitores que Jesus Cristo, "nosso Cordeiro pascal, foi imolado" (1Co 5.7). Nossa vida nunca está livre da contaminação do pecado. Mas Jesus viveu a vida perfeita que não podemos viver, morreu na cruz por nossos pecados e ressuscitou dos mortos para nos salvar de nossos pecados. Essa salvação muda nosso coração de modo que agora somos capazes de viver de maneira diferente. Somos capacitados pelo Espírito do Deus vivo que habita em nós, crentes em Jesus, para viver à semelhança de Cristo. Não somos mais o que éramos antes. Nosso pecados foram pagos na cruz, por isso não temos mais de andar neles. O ensino de Paulo é que a igreja mostra Cristo ao mundo ao viver como povo transformado pelo evangelho.

Portanto, há um problema quando a igreja não vive essa transformação. Quando um membro de igreja não anda diariamente em arrependimento do pecado, um retrato confuso e distorcido de Jesus Cristo é apresentado ao mundo. Na situação em Corinto, aqueles que ouviram a notícia sobre imoralidade sexual na igreja estavam vendo um retrato distorcido de Cristo e de sua noiva. Em sua arrogância, a igreja de Corinto ou ignorou o que estava sendo retratado, ou, pior do que isso, não se importou com o fato de que uma visão distorcida do evangelho estivesse sendo exibida. Paulo enfatizou isso no versículo 8: "Por isso, celebremos a festa não com o velho fermento, nem com o fermento da maldade e da malícia, e sim com os asmos da sinceridade e da verdade". O precioso nome de nosso Senhor Jesus Cristo é distorcido perante o mundo quando os pastores não confrontam pecados habituais e impenitentes e deixam de ensinar às suas congregações a necessidade de viver à semelhança de Cristo. Precisamos atentar ao chamado de nos envolver em disciplina eclesiástica para honrar o nome de nosso Redentor.

Confronte o pecado por causa da alma das pessoas

Embora haja, na disciplina eclesiástica, um propósito mais amplo do que apenas as pessoas envolvidas, a alma das pessoas que você confronta é muito importante. Paulo demonstra seu profundo interesse pela alma daqueles que cometem pecado ao escrever sobre entregar o pecador impenitente a Satanás para a destruição da carne, "a fim de que o espírito seja salvo no Dia do Senhor [Jesus]" (1Co 5.5). Esse mesmo interesse aparece nas outras três passagens do Novo Testamento (Mt 18; 2Ts 3; Tt 3). Ainda que, a princípio, as palavras de Paulo pareçam severas, ele está falando com um senso claro de prioridade eterna. Está nos lembrando que há coisas piores do que a tristeza de ser removido da comunhão formal da igreja. A disciplina que leva à perda de comunhão terrena pode ter consequências terrenas e momentâneas, mas pode levar uma pessoa a retornar para Cristo. É "amor rude", uma maneira de dar tempo para que as consequências do pecado penetrem no coração e levem uma pessoa a Cristo.

Nesse sentido, a disciplina eclesiástica, é um chamado de despertamento para aquele que vive de forma negligente e se envolve em pecado, como um incrédulo. Viver dessa maneira diz aos outros que a pessoa não é verdadeiramente convertida. Nessa condição, a pessoa deve ser tratada não mais como um membro da igreja, mas, sim, como um incrédulo. Sem dúvida, isso não significa tratá-la com ódio ou rudeza. Como igreja, ministramos aos incrédulos em amor e na esperança de que o evangelho os conduza ao arrependimento. Embora a disciplina eclesiástica seja dolorosa e, às vezes, arriscada para o pastor que lidera a igreja nesse processo, o interesse supremo de um pastor tem de ser as almas de seu povo. Os pastores devem estar dispostos a trilhar a árdua vereda de permitir que alguém se vá, na esperança de que, um dia, uma ovelha teimosa e errante seja resgatada.

CONCLUSÃO

A ironia da disciplina eclesiástica é que muitas pessoas, incluindo muitos cristãos, presumem erroneamente que confrontar o pecado é uma atitude de julgamento e não manifesta amor. Mas, como vimos, a disciplina é um ato de amor. Outra vez, precisamos conservar em mente o propósito. Quão amável seria permitir que pessoas que amamos continuem em comportamento pecaminoso, fazendo-as crer que não há consequências, porque elas têm um falso senso de segurança? As pessoas podem pensar que são cristãs porque frequentam uma igreja ou fazem uma oração ocasional, quando sua vida não reflete essa confissão? Quão trágico é um pastor saber de um pecado e do estilo de vida habitual de uma pessoa e temer por sua alma, mas não lhe dizer nada! Não queremos que nossas ovelhas se encontrem com Jesus e lhe digam: "Senhor, em teu nome eu fiz isto; Senhor, em teu nome eu fiz aquilo; e eu estava na liderança da igreja...", apenas para ouvirem Jesus dizer-lhes: "Nunca vos conheci" (Mt 7.23).

Em última análise, isso é o que está por trás da urgência desse chamado à ação. Deus ordenou o uso da disciplina na igreja como um meio de salvar almas e purificar os crentes em sua luta contra o pecado. O processo de disciplina eclesiástica também contribui para defender a pureza e o nome de Jesus Cristo perante um mundo espectador. A disciplina é um ato de amor, feito por amor às almas. Embora decisões pecaminosas possam colher sofrimento terreno, nossas palavras de confrontação amorosa podem levar as pessoas ao arrependimento, salvando-as no último dia (1Co 5.5).

Os pastores são chamados a pastorear as almas do povo de Deus; e talvez não haja um aspecto mais essencial desse chamado do que confrontar um professo seguidor de Cristo em seu pecado habitual e impenitente. Se isso é feito da maneira e no espírito prescritos pela Escritura, para um pastor não há alegria maior do que ver uma ovelha errante voltar ao lar. Às vezes, infelizmente, as almas que estão sob nossos cuidados se desviam e não retornam. Ou não vemos nenhum fruto visível e imediato de nossos esforços em confrontar o pecado. Nesses tempos, apegue-se aos motivadores bíblicos e saiba que Deus regozija-se e é honrado quando nós, como subpastores do Supremo Pastor, confrontamos as ovelhas errantes em obediência à Palavra dele por causa de seu grande nome.

CAPÍTULO 9
ENCORAJE AS OVELHAS MAIS FRACAS

> "Exortamo-vos, também, irmãos, a que admoesteis os insubmissos, consoleis os desanimados, ampareis os fracos e sejais longânimos para com todos."
>
> 1 Tessalonicenses 5.14

Não muito tempo depois que um casal atribulado entrou em nossa igreja, experimentei uma das maiores alegrias do ministério pastoral. Eles não eram crentes, mas vieram até mim porque desejavam casar-se. Expliquei que me reuniria com eles para aconselhamento; e eles concordaram com isso. Depois de vários meses de encontros comigo e com minha esposa, esse casal respondeu ao evangelho e foi batizado. Alguns meses depois, eu os casei em nossa igreja, realizando uma cerimônia de casamento cristão. Melhor de tudo, havia uma audiência atenta de incrédulos que testemunharam um retrato do evangelho ao ouvirem o casal proferir seus votos um para o outro. Foi um dia especial, um dia que sempre lembrarei e apreciarei.

Discipular um novo crente pode ser algo desafiador e complicado. Com esse casal, não foi diferente. Eles trouxeram para seu novo relacionamento com Cristo uma bagagem devastadora, incluindo vários padrões de comportamento do passado que tornaram difícil seu casamento. Felizmente, ambos estavam abertos ao ensino e dispostos a aprender. Depois, eles tiveram um filho. Tanto a mãe como a criança tinham problemas de saúde constantes, e isso aumentou a tensão no relacionamento. Embora parecesse que o Espírito de Deus estava agindo na vida deles, os padrões disfuncionais e o viver destrutivo do passado haviam tornado aqueles primeiros anos de casamento e discipulado muito difíceis. Cuidar deles foi uma tarefa árdua para nossa congregação, porque várias pessoas se alternavam, de tempos em tempos, para ajudá-los.

Somente um Deus que sabe todas as coisas pode contar as horas que minha esposa e eu ministramos cuidado a essa família. Mas onde está este casal hoje? Bem, antes de eu responder a essa pergunta, permita-me fazer outra: *isso é realmente importante?* Em outras palavras, o atual status deles como membros da igreja e seu nível de envolvimento determinam se nosso tempo e esforços valeram a pena ou não? No mundo, julgamos o êxito de nossos esforços com base nos resultados que produzem. Essa é a medida usada comumente no mundo dos negócios. É o modo como jogadores e times são julgados no mundo dos esportes profissionais. Mas eu creio que, com o ministério pastoral, isso é diferente. Um pastor não pode medir seu ministério por resultados visíveis, porque os resultados podem não ser óbvios neste lado da eternidade. O ato de cuidar dos irmãos e das irmãs mais fracos em nossas igrejas e encorajá-los é um dos ministérios em que o pastor pode não ver resultados imediatos e óbvios. Apesar disso, os pastores têm de se ocupar desse ministério. Devem investir seu tempo na vida de pessoas que podem ser exaustivas e difíceis. Por quê? Porque é *bíblico*.

O alvo deste capítulo é exortá-lo a repensar os modelos de ministério e conselhos que você pode ter recebido, no sentido de que, como pastor, você deveria investir seu tempo e sua energia em pessoas somente quando isso levar a resultados positivos. Às vezes, os pastores são tentados a ignorar pessoas difíceis e situações desafiadoras. Eles sabem que investir em ajudar um irmão mais fraco demanda tempo. Pode ser esgotante e frustrante. Em certas ocasiões, vai representar uma tensão na agenda do pastor e nos recursos da igreja. Pode até levar um pastor a ficar desanimado ou a questionar o poder de Deus. Você pode até questionar se a pessoa é convertida ou não.

Paulo chama de "fracos" essas pessoas difíceis (1Ts 5.14). E os fracos estão em toda igreja — aqueles cristãos que são facilmente convencidos a se afastar de suas crenças, que ficam desanimados ou que não parecem experimentar muita vitória em sua luta contra o pecado. Como resultado, vivem com a consciência frágil. Creem no evangelho, mostram a presença do Espírito em sua vida e ouvem a instrução da Palavra de Deus; mas sentem dificuldade para internalizar e aplicar a verdade dessa palavra à sua vida diária, por causa de personalidade, temperamento ou experiência passada. Numa conversa que tive com Al Martin, pastor e pregador batista, ele disse: "Nosso trabalho, como pastores, é conduzir muitas pessoas ao céu na melhor condição possível". Gosto disso porque me lembra que, como pastores, não somos chamados a ser aqueles que tornam a transformação possível. É Deus quem realiza a transformação; e ele cuida dos pobres, dos fracos e necessitados entre seu povo. Como pastores designados por Deus, apenas cuidamos do povo que Deus nos dá.

O amor de Deus para com os fracos

Fraqueza, sofrimento, desânimo e desesperança, tudo isso existe por causa do pecado. Essas experiências são um resultado direto da Queda (Gn 3). A boa notícia é que Deus redime a fraqueza que resulta do pecado por meio da pessoa e da obra de Jesus Cristo. Quando pecadores recebem a misericórdia imerecida de um Deus misericordioso, recebem também a compaixão de Deus — sua graça para com os fracos, os necessitados e os aflitos. A obra de compaixão de Deus teve início com seu povo escolhido, Israel, e continua hoje por meio da obra do Espírito na igreja.

O cuidado de Deus para com os fracos em Israel

O plano redentor de Deus envolve cuidar dos fracos, pobres e aflitos entre seu próprio povo. Esse cuidado amoroso é evidente nos salmos, pois os salmistas declaram o poder de Deus para defender aqueles que são incapazes de defender a si mesmos:

> Deus assiste na congregação divina; no meio dos deuses, estabelece o seu julgamento. Até quando julgareis injustamente e tomareis partido pela causa dos ímpios? Fazei justiça ao fraco e ao órfão, procedei retamente para com o aflito e o desamparado. Socorrei o fraco e o necessitado; tirai-os das mãos dos ímpios.
>
> Salmos 82.1-4

Os profetas também falam da preocupação de Deus com os fracos, desalentados e oprimidos. Isaías demonstra a promessa da futura vindicação de Deus em favor de seu povo redimido:

> O deserto e a terra se alegrarão; o ermo exultará e florescerá como o narciso. Florescerá abundantemente, jubilará de alegria e exultará; deu-se-lhes a glória do Líbano, o esplendor do Carmelo e de Sarom; eles verão a glória do Senhor, o esplendor do nosso Deus. Fortalecei as mãos frouxas e firmai os joelhos vacilantes. Dizei aos desalentados de coração: Sede fortes, não temais. Eis o vosso Deus. A vingança vem, a retribuição de Deus; ele vem e vos salvará.
>
> Isaías 35.1-4

Isaías revela as promessas que Deus fez a seu povo, bem como o destino dos inimigos de Israel. Um dia, Deus virá e julgará com vingança e retribuição divina aqueles que se voltaram contra ele e perseguiram seu povo. Ele dará força aos fracos, provisão aos necessitados e poder aos temerosos. Essas promessas foram dadas para revigorar o espírito dos fracos e aflitos em Israel, enquanto toda a nação esperava ansiosamente a vinda do Messias, que introduziria o cumprimento dessas promessas.

A compaixão de Jesus

Quando Jesus andou na terra, revelou o amor compassivo de Deus para com aqueles que eram fracos, pobres e oprimidos. Multidões de pessoas que tinham doenças, enfermidades, fraqueza física e mental e temperamentos desanimados foram até Jesus em busca de ajuda. Como Jesus agiu em relação a eles? Mostrou compaixão, paciência e esperança para com eles. Jesus fez isso de duas maneiras.

Em primeiro lugar, a compaixão e a esperança de Jesus foram visíveis por meio de seu *ministério de ensino*. Considere o que Jesus disse nas bem-aventuranças, que se encontram no começo do Sermão do Monte. Considere o conteúdo e o público-alvo em suas palavras:

> Bem-aventurados os humildes de espírito,
> porque deles é o reino dos céus.
> Bem-aventurados os que choram,
> porque serão consolados.
> Bem-aventurados os mansos,
> porque herdarão a terra.
> Bem-aventurados os que têm fome e sede de justiça,
> porque serão fartos.
> Bem-aventurados os misericordiosos,
> porque alcançarão misericórdia.
> Bem-aventurados os limpos de coração,
> porque verão a Deus.
> Bem-aventurados os pacificadores,
> porque serão chamados filhos de Deus.
> Bem-aventurados os perseguidos por causa da justiça,
> porque deles é o reino dos céus.
>
> Mateus 5.1-10

Jesus começa seu ensino fundamental sobre o reino de Deus ao se dirigir aos pobres, aos que choram, aos mansos, aos justos, aos misericordiosos, aos pacificadores e aos perseguidos. Jesus vira de ponta-cabeça o pensamento comum de seus dias sobre o reino de Deus. Não exalta os poderosos e os influentes, mas fala sobre os pobres e os mansos como aqueles que herdarão o reino. Posteriormente, Paulo escreveria que somos fortes quando somos fracos (2Co 12.10). No reino de Deus, os primeiros serão os últimos, o os últimos serão os primeiros (Mt 19.30). E aquele que deseja ser o primeiro tem de ser um servo de todos (Mc 10.44). Jesus ensinou que os fracos têm um lugar importante no reino de Deus.

Em segundo lugar, a compaixão e a esperança de Jesus foram visíveis por meio de suas *interações com os doentes, os coxos e os cegos*. Mateus nos oferece um resumo impressionante do cuidado de Jesus por aqueles que eram fracos e aflitos:

> Partindo Jesus dali, foi para junto do mar da Galileia; e, subindo ao monte, assentou-se ali. E vieram a ele muitas multidões trazendo consigo coxos, aleijados, cegos, mudos e outros muitos e os largaram junto aos pés de Jesus; e ele os curou. De modo que o povo se maravilhou ao ver que os mudos falavam, os aleijados recobravam saúde, os coxos andavam e os cegos viam. Então, glorificavam ao Deus de Israel.
>
> Mateus 15.29-31

Jesus alcançou aqueles que haviam sido isolados da sociedade e tinham perdido a esperança. Ele não somente restaurou a força deles por meio da cura física, mas também lhes deu esperança nesta vida, bem como para a vida futura. A cruz e a ressurreição selaram essa esperança. E a compaixão de Jesus para com os fracos torna-se o fundamento do ministério dos apóstolos para com outras pessoas. Vemos evidência disso no Novo Testamento e no modo como eles instruíram os seguidores de Cristo em sua igreja.

O chamado dos apóstolos

Os apóstolos deram continuidade ao ministério de misericórdia de Jesus. E lemos a esse respeito no livro de Atos. Os líderes da igreja primitiva continuaram a curar os coxos, doentes e cegos. Demonstraram a todos o poder incessante do Espírito Santo em seu cuidado dos fracos e aflitos. O apóstolo Paulo também deu instruções específicas no sentido de que a igreja ajudasse os desamparados e fosse paciente com aqueles que são vagarosos para aprender e mudar: "Exortamo-vos, também, irmãos, a que admoesteis os insubmissos, consoleis os desanimados, ampareis os fracos e sejais longânimos para com todos. Evitai que alguém retribua a outrem mal por mal; pelo contrário, segui sempre o bem entre vós e para com todos" (1Ts 5.14-15).

Paulo está escrevendo para a igreja em Tessalônica, onde há uma presença crescente de falsos mestres tentando enganar os fiéis. Os crentes desanimados e fracos estão em risco; por isso, Paulo exorta os cristãos da igreja a prestarem atenção especial àqueles que são mais suscetíveis aos lobos disfarçados de ovelhas. Isso inclui os insubmissos, os desanimados e os fracos.

Além disso, a igreja enfrentava, entre os membros, discordâncias frequentes que incluíam argumentos sobre crenças ou práticas específicas. Algumas eram questões de consciência, como Paulo disse em Romanos 14. Infelizmente, as pessoas fracas na fé e na disposição poderiam ter sua fé prejudicada ou destruída por essas questões. Por isso, Paulo escreveu a seguinte instrução:

> Acolhei ao que é débil na fé, não, porém, para discutir opiniões. Um crê que de tudo pode comer, mas o débil come legumes; quem come não despreze o que não come; e o que não come não julgue o que come, porque Deus o acolheu.
>
> Romanos 14.1-3

Paulo estava ciente de que essa questão de consciência se tornara uma fonte de grande divisão na igreja de Corinto e usou três capítulos de sua carta (1Co 8–10) para abordar o assunto. Nesse caso, a questão era se o alimento sacrificado a ídolos podia ser comido. Paulo aborda cuidadosamente o assunto, exortando os cristãos de Corinto a exercer sua liberdade em Cristo, não como uma oportunidade para ostentá-la, mas sempre com o motivo de expressar amor e cuidado por aqueles que discordam deles — os irmãos ou irmãs mais fracos.

> Entretanto, não há esse conhecimento em todos; porque alguns, por efeito da familiaridade até agora com o ídolo, ainda comem dessas coisas como a ele sacrificadas; e a consciência destes, por ser fraca, vem a contaminar-se. Não é a comida que nos recomendará a Deus, pois nada perderemos, se não comermos, e nada ganharemos, se comermos. Vede, porém, que esta vossa liberdade não venha, de algum modo, a ser tropeço para os fracos. Porque, se alguém te vir a ti, que és dotado de saber, à mesa, em templo de ídolo, não será a consciência do que é fraco induzida a participar de comidas sacrificadas a ídolos? E assim, por causa do teu saber, perece o irmão fraco, pelo qual Cristo morreu. E deste modo, pecando contra os irmãos, golpeando-lhes a consciência fraca, é contra Cristo que pecais. E, por isso, se a comida serve de escândalo a meu irmão, nunca mais comerei carne, para que não venha a escandalizá-lo.
>
> 1 Coríntios 8.7-13

Paulo lembra aos coríntios que o alvo não é provar que alguém está certo em detrimento dos outros. O alvo é encorajar aqueles que são mais fracos na fé, demonstrar-lhes o amor de Cristo e exibir o poder unificador do evangelho a um mundo espectador. Mostrar cuidado, amor e preocupação com os fracos na congregação é uma das maneiras pelas quais tornamos a compaixão de Cristo conhecida aos outros.

ENCONTRANDO EQUILÍBRIO

Os apóstolos deram instruções específicas para encorajarmos os desanimados e considerarmos os irmãos ou irmãs mais fracos, mas como se realiza isso? Como reconhecemos anteriormente, esse tipo de ministério é muitas vezes demorado e exige paciência e sabedoria. Pode ser laborioso para pastores e toda a igreja. Portanto, como você labuta nessa obra e não fica desanimado, frustrado e impaciente? Acho que é proveitoso abordarmos o ministério pastoral com irmãos ou irmãs mais fracos, com "pessoas problemáticas", examinando quatro características desse ministério. Devemos ter paciência, esperança, contar com o auxílio de outras pessoas e ter compaixão por aqueles em necessidade.

Encoraje com paciência

O progresso da santificação é tipicamente lento, e pastorear a alma de irmãos mais fracos exige muito tempo e esforço. Você ficará frustrado e terá as mesmas conversas repetidas vezes. Terá a impressão de que seu irmã ou irmã em Cristo está perdendo terreno em sua luta. Paciência é uma qualidade preciosa nessas situações.

Quando um pastor sente que está se tornando frustrado com uma pessoa mais fraca ou ficando impaciente com a falta de mudança e crescimento, é proveitoso parar e refletir: como minha expectativa de tempo para a mudança contrasta com o tempo de Deus? A verdade é que nunca temos a garantia de uma taxa de crescimento que seja a mesma para todas as pessoas. Cada pessoa é única e enfrenta desafios diferentes na luta contra o pecado. O cristão mais poderoso e mais vitorioso ainda luta contra o pecado, a carne e o Diabo diariamente neste mundo caído. E aqueles que estão desanimados e fracos também enfrentam essa luta, frequentemente com menos armas à sua disposição.

Como pastor, você não pode supor que sua própria experiência ou a experiência limitada que teve com outras pessoas serão verdadeiras para outras pessoas. Um pastor que abraça essa realidade espiritual e continua a confiar no tempo de Deus será um pastor mais paciente. Dedique algum tempo a refletir sobre a paciência que Deus mostra em relação a você, seus próprios pecados e omissões. Quão maravilhoso é o fato de que Deus é tardio em irar-se e abundante em amor, mesmo quando somos os mais indignos disso! Lembrar-nos da paciência de nosso Deus bondoso para conosco nos ajudará a cultivar a paciência em relação a outras pessoas.

Encoraje com esperança

É normal ficarmos desestimulados quando lidamos com alguém que continua cometendo os mesmos erros e os mesmos pecados repetidas vezes. Ainda posso lembrar o desespero que senti quando fui chamado muitas vezes de volta ao lar de um casal de nossa igreja. Eles estavam brigando e discutindo constantemente, em geral perto do horário em que eu me preparava para dormir à noite. Eu ia à casa deles e tentava pacificar a situação. As coisas se acalmavam, mas, no mês seguinte, quando eu estava quase pronto para dormir, o telefone voltava a tocar. E, no mês seguinte, de novo. Então, em determinado mês, eles acabaram em frente à minha porta. Mas nada parecia mudar.

A repetição e a falta de mudança ou de progresso em romper aqueles padrões dolorosos quase me abateram! O poder de padrões de comportamento pecaminosos e arraigados é capaz de levar ao desespero até mesmo o pastor mais entusiasta e otimista. Em nosso desencorajamento, podemos começar a duvidar do poder de Deus. Nosso otimismo e nossa fé em Deus começam a se desvanecer, na medida em que vemos pouco ou nenhum resultado, mesmo depois de anos de ministério.

O evangelho nos dá esperança mesmo quando não vemos nenhuma mudança imediata. Quando removemos nossos olhos do evangelho e esquecemos seu poder, começamos naturalmente a perder a esperança. Mas o evangelho é *suficiente* para nos dar esperança até nas circunstâncias mais desesperadoras. É uma mensagem de ressurreição da morte para a vida. É uma promessa de liberdade para os escravizados. É a promessa de um futuro em que todas as coisas serão tornadas novas, mesmo quando o mundo ao nosso redor parece nunca mudar.

Isso não significa que nunca mais enfrentaremos grande sofrimento e dificuldades neste mundo. A esperança de Cristo nos dá a segurança de que nenhuma situação ou relacionamento é difícil ou irreparável para Jesus. Em sua obra na cruz, Jesus trouxe perdão para nossos pecados e nos livrou da ira de Deus. Nós fomos resgatados da punição eterna.

Ainda cremos que Jesus é muito fraco para curar nosso casamento? Jesus é incapaz de vencer um vício de drogas em um novo convertido? Não é poderoso para ajudar um homem a vencer sua escravidão à pornografia?

Fomos adotados eternamente como filhos de Deus. Jesus ressuscitou da morte para a vida e, um dia, nos ressuscitará para desfrutarmos novos corpos semelhantes ao dele. O evangelho de Jesus Cristo e o poder do Espírito Santo que habita em todo seguidor de Jesus nos dão esperança. Esperança verdadeira, e não ilusão.

Quando nos vemos perdendo a esperança ou nos sentimos desanimados, esse pode ser o caminho de Deus para refinar nossa fé, ajudando-nos a ver se estamos confiando em nossas capacidades, ou em nossos esforços, ou nos esforços da pessoa que estamos ajudando, em vez de estarmos confiando no Espírito Santo. O tempo de Deus não é o nosso tempo; os caminhos de Deus não são os nossos caminhos.

Você *pode* ter a esperança de que as pessoas vencerão seus pecados, mas não coloque sua esperança em suas habilidades ou em seus esforços. Persevere na fé, confiante nas promessas de Deus. Continue, fiel e pacientemente, a fazer a obra de cuidar daqueles que estão em necessidade e servir a eles. Pastor, quando você estiver cuidando dos fracos em seu rebanho, seja esperançoso e tenha confiança no Espírito, que está sempre trabalhando.

Encoraje com a ajuda de outras pessoas

Não devemos perder o ânimo nem permitir que o desencorajamento se estabeleça, mas a realidade é que nosso ministério é árduo e exigente. Cuidar daqueles que são fracos exige esforço coletivo. Muitas pessoas precisam ser envolvidas. Um pastor precisa convidar outras pessoas para essas situações e permitir-lhes que sirvam. Isso pode ser difícil para os pastores por diversas razões. Alguns pastores enganam a si mesmos pensando que são os únicos capazes de ministrar — ou, por outro lado, as pessoas acreditam que somente os pastores podem ajudá-las. Alguns pastores já me disseram: "*Tenho de* me reunir com eles, porque não se reunirão com qualquer outra pessoa. Eu sou o único que sabe todos os detalhes da situação deles". Uma das piores coisas que você pode fazer nessas situações é presumir que é o único capaz de oferecer cuidado. Permita que outras pessoas ajudem! E seja humilde para reconhecer que as perspectivas e as experiências dos outros são indispensáveis.

Certa ocasião, em nossa igreja, um irmão mais fraco estava sob os cuidados de um irmão maduro, que o discipulou por um tempo. Em alguns casos, depois de quase seis meses, víamos o esgotamento naquele que fazia o discipulado e arranjávamos outro irmão para assumir seu lugar. Seis meses depois, mudávamos de novo. E descobrimos que essas mudanças tinham grande benefício para o homem em necessidade. Cada pessoa levava uma perspectiva e um conjunto de experiências de vida singulares. Um homem abordava as lutas daquele irmão mais fraco de maneira diferente de outro e podia alcançá-lo de maneiras singulares. Por fim, o irmão mais fraco começava a crescer no Senhor como resultado de todo esse investimento e se tornava, pouco a pouco, menos exigente em relação aos que investiam nele. Os pastores realizam um desserviço aos que estão em necessidade quando se recusam a envolver outros irmãos e a pedir a ajuda deles.

Encoraje com compaixão

Quando a frustração se estabelece, depois que repetidos esforços não produzem fruto, muitos pastores concluem que Deus está dizendo: "Desista. Faça outra obra". Precisamos ser cautelosos em pensar dessa maneira, porque a frustração pode não ser uma avaliação exata do que Deus está dizendo ou não. E, provavelmente, pode até ser o caminho de Deus para revelar nossa falta de compaixão. A compaixão se manifesta mais claramente em nosso cuidado naqueles momentos em que estamos frustrados e prontos para desistir, mas não desistimos. Continuamos. Tentamos de novo. Falamos as mesmas palavras encorajadoras que falamos muitas vezes antes, esperando que, um dia, o Espírito de Deus as aplicará.

A compaixão é um dom do Senhor e pode ser uma dos grandes recursos de um pastor. Como encontramos essa compaixão? Como a recebemos? De modo semelhante à esperança e à paciência, devemos pensar e meditar na compaixão que Jesus nos mostrou. Deus seria justificado se ficasse frustrado com você? Mas sabemos que ele nos encontra não com ira, para nos culpar e nos envergonhar, mas com um rio transbordante de graça que flui dos pés da cruz. Deus é misericordioso para conosco em nossa fraqueza, e, como pastores, devemos mostrar ao nosso rebanho essa mesma compaixão. Tratamos nossas ovelhas como o Supremo Pastor nos trata. De fato, a misericórdia e a compaixão que mostramos ao nosso rebanho e família podem ser uma ferramenta que o Espírito Santo usa para ajudar outras pessoas a receber a graça de Deus em sua vida.

CONCLUSÃO

Gostaria que a história contada no início deste capítulo tivesse um final feliz. Infelizmente, as lutas do casal continuaram, e o marido abandonou, por fim, tanto sua família como sua fé, e foi excluído da igreja. Continuamos dirigindo-lhe nosso apelo para que se arrependesse e voltasse, mas, a essa altura, ele se recusou a mudar. Sua esposa, embora abandonada pelo marido e deixada sozinha para achar um emprego e cuidar da filha, tem mostrado níveis inspiradores de fé em Deus em meio a essa provação. Tem sido muito difícil para ela, que luta constantemente com dificuldades financeiras e se pergunta como suas necessidades mensais serão supridas. Já houve muitas noites em que precisou tentar responder às dolorosas perguntas de sua filha enraivecida e confusa.

Tem sido encorajador ver essa jovem mulher florescer de tantas maneiras em sua fé em Cristo, em meio a tantas provações. Tenho sido abençoado ao ver a igreja unir-se em torno dela, manifestando cuidado sacrificial e suprindo o necessário para ela e sua filha. Embora não possamos entender tudo que Deus está fazendo nesses eventos dolorosos, é claro que ele está trabalhando para amadurecer as ovelhas mais fracas, capacitar a igreja local e trazer grande glória para Cristo e para o poder do evangelho que opera em seu povo.

Cuidar de um irmão mais fraco e encorajá-lo é o chamado de todos os cristãos na igreja local. Os pastores têm a responsabilidade de treinar e capacitar outros para realizarem essa obra, visto que ela exige um esforço coletivo. Procure membros que sejam maduros, firmes e dotados para se engajar nesse ministério, porque não é fácil! Reconheça essa tarefa como uma prioridade importante em seu ministério e lidere pelo exemplo, mostrando aos membros de sua igreja como praticar a compaixão e a misericórdia que Cristo tem mostrado a você. Esse equilíbrio é expresso poderosamente por Martin Bucer, pastor do século XVI. Depois de explicar como encorajar e fortalecer os desanimados na igreja local, Bucer escreveu estas palavras:

> É assim que as ovelhas fracas e debilitadas do rebanho de Cristo devem ser fortalecidas e consoladas. E isso deve ser feito por todos os cristãos. Pois, se Cristo vive em todos os seus membros, também realizará essa sua obra pastoral em todos. Mas, porque os cuidadores de alma são especialmente ordenados

para este propósito, é apropriado que também façam esta obra de cuidar de almas, antes de qualquer outra pessoa, e façam-na muito fielmente. Os líderes devem certificar-se de que as igrejas tenham cuidadores de almas que estejam dispostos e sejam zelosos nesta obra e realizem-na em todas as ovelhas tolas e fracas; e devem encorajá-las com toda a fidelidade, exercendo assim, de sua parte, seu ministério para Cristo, o Supremo Pastor nessa obra de ajudar e fortalecer as ovelhas enfermas e debilitadas. Portanto, como dissemos, tudo isso tem o propósito de assegurar que, por meio do santo evangelho de Cristo, as pessoas sejam bem instruídas e lembradas de buscar tudo em Cristo, nosso único Senhor, satisfazendo-se com todas as coisas nele.[26]

Os pastores que realizam esse difícil, mas importante, aspecto de pastorear almas como prioridade em seu ministério e o fazem "muito fielmente" verão não somente os irmãos e irmãs mais fracos assistidos e encorajados, mas também uma igreja local mais capacitada a cumprir os mandamentos de Cristo. Esses pastores e suas congregações farão isso provavelmente com mais compaixão, mais empatia e mais esperança em sua alma do que se o fizessem de outra maneira.

---

26 Martin Bucer, *Concerning the True Care of Souls* (1538; repr., Edinburgh: Banner of Truth, 2009), 171.

CAPÍTULO 10
IDENTIFIQUE E TREINE LÍDERES

"Tu, pois, filho meu, fortifica-te na graça que está em Cristo Jesus. E o que de minha parte ouviste através de muitas testemunhas, isso mesmo transmite a homens fiéis e também idôneos para instruir a outros."

2 Timóteo 2.1-2

George Whitefield, o grande evangelista do século XVIII, expressou, em poucas palavras, a razão pela qual muitas igrejas em seus dias estavam espiritualmente mortas.[27] Ele escreveu: "A razão pela qual muitas congregações estão mortas é que há homens mortos pregando para elas".[28] Há igrejas que têm homens (espiritualmente) mortos pregando para elas,

---

27 Este capítulo resume o conteúdo originalmente publicado em Brian Croft, *Prepare Them to Shepherd* (Grand Rapids: Zondervan, 2014).
28 Arnold Dallimore, *George Whitefield: The Life and Times of the Great Evangelist of the 18th Century Revival* (Carlisle, PA: Banner of Truth, 2001), 1:550.

homens arrogantes guiando-as e homens gananciosos abusando delas. Há inúmeras histórias de pastores infiéis que prejudicaram as ovelhas. São abundantes as histórias de pastores que abusaram de sua posição para desviar dinheiro ou envolver-se sexualmente com uma mulher casada vulnerável, em suas igrejas. Ver a igreja de Cristo sendo liderada por homens chamados e qualificados biblicamente é uma visão maravilhosa. Por outro lado, é trágico ver lobos com roupas de ovelhas se infiltrando na igreja e arrebatando o povo de Cristo. O único remédio é identificar e treinar líderes dentro da igreja local — uma tarefa que deve ser uma das prioridades essenciais do pastor.

Pastores cometem dois erros comuns quando identificam e treinam líderes. O primeiro é pensar que essa responsabilidade deve ser cumprida por aqueles que são de fora da igreja. Seminários, faculdades bíblicas, organizações missionárias e outros ministérios paraeclesiásticos têm assumido amplamente o controle no que diz respeito a essa tarefa. Mas a Bíblia nos dá um entendimento diferente. Quando Paulo e Barnabé estavam prestes a ser enviados em sua primeira viagem missionária, foi a igreja em Antioquia que orou, impôs as mãos sobre eles e os enviou (At 13.1-3). Ministérios de fora da igreja local têm sido muito úteis em realizar a obra de Deus no mundo, mas, de acordo com as Escrituras, esses ministérios não são responsáveis por identificar e treinar pastores e outros líderes. A igreja local tem essa responsabilidade — mais especificamente, os pastores e líderes da igreja.

O segundo erro é concluir que uma pessoa é chamada para ser líder na igreja apenas porque sente um desejo interior (chamado interior) para fazer isso. Infelizmente, muitas igrejas de nossos dias colocam líderes em posições importantes com base em nada mais do que um senso de chamado *interior* de um indivíduo — sua própria percepção subjetiva. Se um homem tem o desejo de fazer a obra do ministério e parece dotado, a igreja presume que ele é chamado. Certamente, a própria avaliação do indivíduo é importante; mas, apesar disso, a igreja não pode depender de uma avaliação subjetiva ou de um sentimento sincero do próprio indivíduo. A igreja precisa de um processo tangível que teste suas qualidades para o ministério à luz do que está delineado na Escritura. Paulo escreveu para Timóteo e disse claramente que uma pessoa deve reunir certas qualificações para ser um líder na igreja (1Tm 3.1-13), e os homens precisam ser avaliados e afirmados como confiáveis antes de serem encarregados dessa função (2Tm 2.2).

IDENTIFIQUE LÍDERES BIBLICAMENTE QUALIFICADOS

A Bíblia apresenta várias qualificações claras e específicas que os líderes de igreja devem possuir. Não precisam ter uma mentalidade de empresário nem uma personalidade cativante. Em vez disso, essas qualificações estão fundamentadas no chamado deles como pastores que cuidam do povo de Deus. Embora existam dois ofícios principais na igreja do Novo Testamento, pastor (às vezes chamado "presbítero" e "bispo") e diácono, o foco deste capítulo é as qualificações dos pastores — aqueles que são chamados para guiar e pastorear a igreja de Deus. A passagem principal que enfatiza as qualificações detalhadas de um pastor do povo de Deus na igreja local se encontra em 1 Timóteo 3.1-7. Com base nessa passagem, os santos do passado e do presente têm visto três qualificações gerais de um pastor.[29]

1. Um homem transformado pelo evangelho

O homem que tem um chamado interior para entrar no sagrado ofício de ministro do evangelho deve ser, em primeiro lugar, transformado pelo evangelho. O evangelho é a mensagem de salvação do pecado e da ira de Deus. Declara que um pecador recebe salvação pela graça, por meio de arrependimento do pecado e de fé na pessoa e na obra de Jesus Cristo. Talvez pareça óbvio que um aspirante ao ministério deva ter fé salvadora em Cristo. Mas, repetidas vezes, o problema de pastores não convertidos têm sido uma

---

29 Tito 1.6-9 e 1 Pedro 5.1-4 são passagens claras e complementares que descrevem essas qualificações bíblicas, embora 1 Timóteo 3.1-7 seja nosso foco principal neste capítulo.

preocupação legítima. No século XVII, por exemplo, Richard Baxter começou desta maneira seu famoso livro O *pastor aprovado*:

> Atentem a si mesmos para que não sejam vazios da graça salvadora que oferecem aos outros e desconheçam a obra eficaz do evangelho que pregam; e para que, enquanto proclamam ao mundo a necessidade de um Salvador, o coração de vocês o negligencie e sinta falta de interesse nele e em seus benefícios salvadores. Atentem a si mesmos para que não pereçam, enquanto exortam os outros a acautelarem-se de perecer, e para que não passem fome enquanto preparam comida para os outros... Muitos têm advertidos outros a não irem para o lugar de tormento, enquanto eles mesmo caminham apressadamente para aquele lugar. Muitos pregadores que estão agora no inferno muitas vezes exortaram seus ouvintes a usar o mais elevado cuidado e diligência para escaparem do inferno.[30]

A advertência de Baxter deve continuar nos alertando neste século XXI. Muitas coisas são colocadas em risco quando as igrejas locais negligenciam a importância de avaliar cuidadosamente seus candidatos

---

30 Richard Baxter, *The Reformed Pastor* (1656; repr., Edinburgh: Banner of Truth, 2001), 53.

ao ministério pastoral. Se um homem ainda está nas trevas, escravizado ao pecado e vivendo em rebelião contra Deus, não deve ser colocado numa posição em que é encarregado do evangelho e da responsabilidade de pastorear almas redimidas.

2. Um homem que deseja seriamente a obra

O apóstolo Paulo instruiu da seguinte forma seu jovem pupilo Timóteo: "Fiel é a palavra: se alguém aspira ao episcopado, excelente obra almeja" (1Tm 3.1). Charles Spurgeon, o grande pregador batista do século XIX, assim aconselhava os jovens que se preparavam para o ministério: "O primeiro sinal do chamado celestial é um desejo intenso e dominante pela obra".[31] Deve haver no homem um desejo forte e inextinguível para fazer a obra de um pastor. Ele deve ter o desejo de pregar a Palavra de Deus, pastorear o povo de Deus, evangelizar os perdidos, discipular os espiritualmente imaturos e servir à igreja local.

Spurgeon sugere que essa aspiração divina pode ser conhecida por meio de um desejo de não fazer nada mais:

> Se um aluno nesta sala pode contentar-se em ser um editor de jornal, ou um merceeiro, ou um agricultor, ou um médico, ou um advogado, ou um senador, ou

---

31 C. H. Spurgeon, *Lectures to My Students* (1889; repr., Grand Rapids: Zondervan, 1954), 26.

um rei, no nome do céu e da terra, que ele siga seu caminho. Ele não é o homem em quem o Espírito de Deus habita em sua plenitude; porque um homem tão cheio de Deus se cansaria totalmente de qualquer outro ofício, exceto daquele pelo qual sua alma anseia. Se, por outro lado, você pode dizer que, mesmo em troca de toda a riqueza de ambas as Índias, não poderia nem ousaria abraçar qualquer outra vocação que o afastasse da pregação do evangelho de Jesus Cristo, então tenha certeza de que, satisfeitas as outras exigências, você tem os sinais desse apostolado. Devemos sentir que essa maldição é para nós se não pregamos o evangelho. A Palavra de Deus tem de ser para nós como fogo nos ossos; pois, do contrário, se realizamos o ministério, seremos infelizes nele, seremos incapazes de suportar as renúncias que o acompanham e seremos de pouca utilidade para aqueles entre os quais ministramos.[32]

Por que essa obra exige um anseio inextinguível? Porque a obra do ministério não é para os fracos de coração. É uma obra cheia de lutas, desafios, desânimos, pressões e batalhas espirituais que podem aleijar os mais fortes dos homens que têm apenas um desejo "comum" pela obra. Deve ser um desejo que não pode ser roubado quando seu irmão o trair, enfraquecido quando seu trabalho for

---

32 Ibid., 26-27.

ameaçado, nem apagado quando a fadiga emocional, mental e física se enraizar firmemente. Um homem cristão que tem um "anseio irresistível e esmagador e uma fome insaciável"³³ por essa obra excelente deve abraçá-la.

Também deve haver zelo nesse desejo. O ministro inglês John Angell James, do século XIX, nos lembra como um pastor o cultiva:

> Todo ministro pode ser um ministro zeloso se quiser. Ele é zeloso quando qualquer coisa em que tem profundo interesse está em risco. Deixe sua casa pegar fogo, sua saúde ou sua vida estar em risco, ou sua esposa ou filhos estarem em perigo, ou algum meio de aumentar grandemente sua propriedade ser colocado em seu caminho, que intensidade de emoção e veemência de ação serão despertadas nele! Ele precisa apenas da pressão dos interesses de almas imortais sobre sua consciência; precisa apenas de um coração constrangido pelo amor de Cristo para ser levado pela força e a impetuosidade dessa paixão santa; precisa apenas de um profundo desejo de ser sábio em ganhar homens para Jesus; precisa, em resumo, apenas de um coração totalmente dedicado a realizar os objetivos e as finalidades de seu ofício, possuir aquela nobre e sublime qualidade de alma que este livro se propõe a recomendar.³⁴

---

33 Ibid., 26.
34 John Angell James, *An Earnest Ministry* (1847; repr., Edinburgh: Banner of Truth, 1993), 222-23.

Um desejo forte pela obra do ministério nem sempre implica que um zelo o acompanhará. Um homem deve examinar honestamente se tem o zelo desse forte desejo, antes de se dispor a seguir essa obra.

3. Um homem que possui caráter bíblico

No decorrer dos séculos, muitos homens fiéis e piedosos mostraram Cristo em seu caráter e foram modelos de serviço sacrificial prestado à sua igreja. Mas nem todos foram chamados à obra de pastor/presbítero. Paulo deu a Timóteo uma lista específica de qualificações para esse ofício (1Tm 3.1-7) que é distinta da lista referente aos diáconos (vv. 8-13). Essa lista demonstra que há um chamado e uma obra singular que um pastor é separado para fazer. Essas qualificações são um meio para outros avaliarem externa e objetivamente um homem que diz ter desejo por essa obra. A lista de Paulo concernente às qualificações para o ofício de pastor pode ser dividida em cinco categorias:

a. Um homem apto a ensinar

A habilidade de ensinar (1 Tm 3.2) é a qualificação primária que distingue a obra de um pastor de todas as outras na igreja. Essa qualificação se refere a mais do que apenas um desejo de ensinar; envolve ter a capacidade de ensinar fiel, acurada e eficazmente a Palavra de Deus. Paulo confirma isso em sua segunda carta a

Timóteo, quando escreve que Deus encarrega esses homens de guardar o evangelho, "o bom depósito, mediante o Espírito Santo que habita em nós" (2Tm 1.14).

Essa exigência de ser apto a ensinar também deve ser entendida à luz do que Tiago escreve sobre os mestres. Tiago adverte que os mestres da igreja hão "de receber maior juízo" (Tg 3.1). Aqueles que foram dotados por Deus para essa tarefa devem fazê-la com humildade, clareza, dedicação e fidelidade. O chamado para ensinar envolve pregar a Palavra (2Tm 4.2), apesar do custo, aproveitando cada oportunidade para tornar o evangelho claro ao apresentar o tesouro e o valor de Cristo, chamando as pessoas a se arrepender e crer, e, depois, confiando no poder do Espírito Santo, para transformar seus corações e mentes. A habilidade de instruir o povo de Deus com sua Palavra é descrita como corrigir, repreender e encorajar (2Tm 4.2). E isso deveria definir o ministério do evangelho, tanto público como privado. O ministro batista Roger Ellsworth observou corretamente: "Falhe aqui, e você terá falhado em sua tarefa central".[35]

b. Um homem de reputação irrepreensível

O mandamento de Paulo no sentido de que um pastor "seja irrepreensível" (1Tm 3.2) enfatiza que ele

---

35 Roger Ellsworth, "Pregue a Palavra", em *Amado Timóteo: uma coletânea de cartas ao pastor*, ed. Thomas K. Ascol (São José dos Campos, SP: Fiel, 2005), 232.

não deve apenas fugir do mal, mas também evitar até a aparência do mal. Por exemplo, é difícil acusar um pastor de ter um caso extraconjugal se a maioria sabe que ele não fica sozinho numa sala com uma mulher (exceto com sua esposa, é claro). A qualificação de ter uma reputação irrepreensível significa que um pastor deve procurar viver de maneira que evite acusações. Deve procurar viver uma vida coerente e piedosa, cultivando uma boa reputação entre todas as pessoas. O fato de que ele não é escravo de qualquer substância, mas uma pessoa com autocontrole, afirma essa reputação. E parece que essa é a razão pela qual Paulo menciona que ele não deve ser "dado ao vinho" (1Tm 3.3).

Ter uma reputação irrepreensível também envolve ter "bom testemunho dos de fora, a fim de não cair no opróbrio e no laço do diabo" (1Tm 3.7). Isso não significa renunciar a verdade e tentar comprometer-se com o mundo. Significa viver de maneira que demonstre o amor e a compaixão de Deus para com os perdidos, a fim de que, "observando-vos em vossas boas obras, glorifiquem a Deus no dia da visitação" (1Pe 2.12).

c. *Um homem que administra fielmente sua família*

Uma terceira qualificação para um homem ser um pastor é ser "esposo de uma só mulher" (1Tm 3.2). Em geral, essa expressão é mal interpretada como significando que um pastor tem de ser casado e não pode ser solteiro. Mas aqui Paulo não está se referindo ao status conjugal, e sim, em vez disso, à fidelidade: um homem casado é comprometido e fiel à sua única mulher. A liderança de um pastor no lar é mostrado pela profundidade de seu amor à sua esposa e por seu compromisso de viver sacrificialmente, "como também Cristo amou a igreja e a si mesmo se entregou por ela" (Ef 5.25). Todos os maridos cristãos são ordenados a amar sua esposa dessa maneira, mas um pastor é chamado a ser um exemplo disso para seu povo.

Essa qualificação reflete as instruções de Paulo a Timóteo ao dizer que uma mulher não deve exercer "autoridade de homem" (1Tm 2.12). Assim como os homens devem liderar sua família, o desígnio de Deus é que eles liderem a igreja. Esse princípio também se aplica a filhos no lar do pastor. Um pastor deve pastorear, ensinar e governar fielmente seus filhos (1Tm 3.4). Essa expectativa não exige que um pastor tenha filhos ou que seus filhos sejam necessariamente convertidos. Significa que os filhos de um pastor devem respeitar sua autoridade como o cabeça e líder da família designado por Deus. Por que isso é importante? Paulo oferece uma razão significativa: "Se alguém não sabe governar a própria casa, como cuidará da igreja de Deus?" (1Tm 3.5).

Além de governar sua casa, um pastor deve ser cordial e acolhedor para com os de fora e os que visitam sua casa. Deve ser "hospitaleiro" (1Tm 3.2). A maioria das pessoas entende isso apenas como receber alguém em casa, o que é verdadeiro. Mas hospitalidade fala mais geralmente de nossa disposição e atitude para com estranhos. Não é difícil ser hospitaleiro com pessoas que conhecemos e amamos, mas não muitos de nós são hospitaleiros com os desconhecidos. Paulo nos diz que um pastor deve ser um exemplo de espontaneidade em cuidar de outros — até mesmo aqueles a quem ele não conhece. E sugere que um pastor deve orientar sua família a abraçar isso como um chamado para toda a família.

d. Um homem de caráter piedoso

A maioria das características que Paulo lista pode ser colocada na categoria geral de caráter piedoso. Paulo nos diz que um pastor deve ser "temperante, sóbrio, modesto" (1Tm 3.2), bem como "cordato, inimigo de contendas" (v. 3). Todas essas qualidades falam da transformação interior operada pelo evangelho e de como Cristo é refletido numa pessoa que é bondosa, compassiva, autocontrolada em palavras e obras, honrável, humilde e cheia de discernimento e sabedoria. É difícil superestimar a importância dessa exigência para a liderança e o ministério. Basil Manly Jr. escreveu:

> É quase desnecessário dizer que a *piedade* é essencial. Nenhuma quantidade de talento, nem amplitude de educação, nem aparente brilho de fervor

devem ter admissão no ministério de alguém de cuja piedade não temos razões para duvidar ou que não tem mais do que uma santidade consistente, ativa e comum. Um ministro sem piedade está tão horrivelmente fora de lugar quanto um esqueleto assustador no púlpito segurando uma tocha em sua mão.[36]

Não é por acaso que a maioria das qualificações recomendadas por Paulo se enquadra nessa categoria de caráter piedoso. Aqueles que desejam a obra do ministério pastoral devem labutar diligentemente para crescer nessas qualidades, sabendo que é a graça de Deus e o poder transformador do evangelho que capacitam o desenvolvimento dessas qualidades.

e. Um homem que possui maturidade espiritual

Muitas dessas qualidades também sugerem a exigência de maturidade espiritual, mas duas qualidades especificamente indicam sua necessidade. Em primeiro lugar, Paulo nos diz que um pastor não deve ser "avarento" (1Tm 3.3). Sua responsabilidade primária é pregar e ensinar a Palavra de Deus e cuidar abnegadamente de seu povo, não buscando ganho financeiro para si mesmo. Avaliar se uma pessoa é livre do amor ao dinheiro não diz respeito a quanto dinheiro um pastor tem ou qual

---

36 Michael A. G. Haykin, Roger D. Duke e A. James Fuller, *Soldiers of Christ: Selections from the Writings of Basil Manly, Sr., and Basil Manly, Jr.* (Cape Coral, FL: Founders Press, 2009), 174.

é seu salário anual; diz respeito ao que o pastor faz com seu dinheiro. Amar o dinheiro refere-se ao desejo de ter mais e mais dinheiro. Um pastor deve ser compensado pela obra que realiza, mas um homem não deve entrar no ministério motivado pelo desejo de ganho pessoal.

Em segundo lugar, como um líder espiritual e guardião doutrinário da igreja, um pastor não pode ser um "neófito" (1Tm 3.6). Uma pessoa espiritualmente imatura não deve entrar nessa obra. Isso é lógico por várias razões, mas, no texto, Paulo oferece uma razão específica: "Para não suceder que se ensoberbeça e incorra na condenação do diabo". Um crente imaturo pode ser facilmente iludido no poder da posição, em vez de encarar o ofício como serviço sacrificial para Deus e seu povo. Seguir o ministério pastoral também coloca um homem nas linhas de frente de ataque espiritual da parte do inimigo, e essa parece ser uma das várias razões pelas quais o Novo Testamento exige uma pluralidade de pastores/presbíteros espiritualmente maduros e piedosos numa igreja local. Ter vários pastores e presbíteros traz a vantagem de maior responsabilidade e comunhão uns com os outros; além disso, beneficia a igreja com sabedoria acumulada (At 20.28; Tt 1.5; 1Pe 5.1).

TREINANDO E IDENTIFICANDO LÍDERES

Nunca devemos presumir que, somente porque alguém é inteligente e pode falar como se soubesse como algo é feito, ele realmente sabe como fazê-lo. Uma pessoa pode ser empolgada com paraquedismo porque leu um livro sobre o assunto, mas essa pessoa está tão preparada para o paraquedismo quanto alguém que está disposto a pregar porque ouviu um bom sermão. Aplicar o que aprendemos sobre preparação ministerial ao contexto de nossa igreja local é essencial. A sabedoria é obtida por meio de provação e erro quando colocamos em prática esse imperativo.

A passagem que nos fala sobre o envio de Paulo e Barnabé (At 13.1-3) é o vislumbre de um momento numa igreja específica e numa cultura específica. É proveitoso considerá-la um padrão para identificar e treinar líderes. Ainda assim, precisamos lembrar que a Bíblia não descreve um procedimento detalhado, linha por linha, para identificar e treinar aqueles que se veem chamados para ser pastores e líderes de igreja. Havendo dito isso, a maior parte das sugestões seguintes é o resultado de esforços que eu fiz em minha própria igreja local. Achamos que esses quatro passos progressivos são benéficos quando procuramos identificar e treinar líderes para a igreja local.

Teste

Paulo disse à igreja de Éfeso que Deus dá à igreja alguns homens que são apóstolos, evangelistas, pastores e mestres, para a capacitação e a edificação da igreja

(Ef 4.11-12). A melhor maneira de encontrar esses homens em sua igreja local é testar aqueles que sentem um chamado *interior* para fazer essa obra. Testar alguém envolve colocá-lo em diversas circunstâncias da vida real e observar como lida com essas circunstâncias. A melhor maneira de testar homens para o ofício de pastor é avaliá-los em circunstâncias da vida quando fazem a obra de pastor, conservando em mente as qualificações delineadas na Escritura (1Tm 3.1-7; Tt 1.5-9). Com o passar do tempo, podemos começar a determinar se um homem que deseja realizar essa obra é verdadeiramente chamado, em especial quando seus dons de pregar e ensinar são testados. Esse processo de teste deve ocorrer de forma visível, diante da congregação.

Por exemplo, temos doze homens diferentes pregando sobre um salmo diferente nos domingos à noite, no verão. Esses homens querem testar seus dons de pregar. Essa é uma maneira pela qual o corpo da igreja considera a aptidão deles enquanto lhes dá a oportunidade de servir à nossa igreja. Incentivamos os membros a se aproximarem de cada indivíduo depois do culto para oferecer comentários específicos de encorajamento ou crítica de maneira amorosa e útil. Além disso, uma revisão obrigatória do culto é realizada depois do culto de domingo à noite, quando, então, cada um dos pastores e alguns outros homens envolvidos no teste de seus dons falam cordial e verdadeiramente com o irmão e oferecem opiniões sobre o sermão. Incentivos são dados, correções são feitas e sugestões são oferecidas, para que ele faça melhor na próxima oportunidade.

Esses irmãos também são testados quando visitam os lares de membros da igreja. Eles saem para oferecer cuidado a um membro individual, e um pastor os observa ou recebe opiniões de outras pessoas para determinar quão bem estão servindo e que fruto está surgindo como resultado. Prestaremos atenção a quão autocontrolados, hospitaleiros, gentis, pacíficos, isentos de repreensão e respeitáveis eles são; essas são as qualidades ressaltadas por Paulo (1Tm 3.1-7; Tt 1.5-9). Quando um irmão que pretende fazer a obra de um pastor cuida de um santo moribundo que, no hospital, precisa de uma palavra de consolo, ele progride significativamente nessa etapa do teste. É um grande estímulo ver um homem enfrentar corajosamente esse período de teste e perceber o surgimento de seu coração de pastor.

Certa vez, desafiei um rapaz a visitar um membro da igreja confinado ao lar que, embora fosse uma pessoa agradável e bondosa, era difícil de ser entendido quando falava e não sabia ler nem escrever. Como, às vezes era difícil envolver-se com aquele homem, eu sabia que esse seria um bom teste para um rapaz que aspirava ao pastorado. Não somente o rapaz cuidou muito bem daquele crente idoso, como também escolheu visitá-lo com regularidade, apenas para passar algum tempo com ele. Sabendo que o homem não conseguia ler, o jovem percebeu a necessidade singular do idoso e correspondeu, levando-lhe áudios gravados da Bíblia ou de sermões pregados em nossa igreja. O processo de teste certamente contém riscos, mas, quando os desafios são enfrentados por homens que estão avaliando seus dons, e esses dons se evidenciam, há grande satisfação. Os riscos valem a pena.

Na providência de Deus, toda porção do teste de um indivíduo coopera para o bem da igreja local como um todo. Quando um irmão prega, está alimentando o povo de Deus por meio de seu labor na Palavra. Quando um irmão discipula outro irmão, está ajudando-o a amadurecer e crescer em sua fé em Cristo. Quando um irmão visita um membro de igreja confinado ao lar ou no hospital, está cuidando da alma desse membro e, em última análise, está servindo, com seus esforços, aos pastores e à igreja. Quando servem à igreja no meio de seu processo de teste, eles estão começando a aprender os labores diários do ministério que não podem ser aprendidos com a leitura de livros nem através de aulas. Esse é o começo do treinamento prático para o ministério.

TREINE

O processo de teste que é feito mais frequente e intencionalmente se torna treinamento. Durante esse tempo, os pastores da igreja já identificaram nos indivíduos, em algum grau, os dons (de acordo com 1 Timóteo 3.1-7) que têm de ser deliberadamente desenvolvidos. A essa altura, eles começam a desempenhar papel mais ativo na liderança da igreja, dando aulas regularmente, liderando cultos ou pregando nos domingos à noite por um mês. Agora, os pastores confiam tanto neles que podem enviá-los sozinhos aos hospitais e expô-los mais regularmente às decisões e direções da igreja. Podem começar a avaliar os sermões e os cultos a cada semana. Em todas essas coisas, eles estão sendo treinados para o ministério. E os membros da igreja continuam sendo servidos, encorajados e cuidados pelos esforços deles.

Em um culto recente de comissionamento de missionários de nossa congregação, exortei uma família que passara por essa etapa do processo:

> Vocês, _____ (marido e mulher), estiveram em muitas de nossas casas, e nós, na de vocês. Desfrutamos a alegria da comunhão com vocês, que serviram à nossa igreja de muitas maneiras. Você, _____ (mulher), cuidou de nossos filhos como cuidou dos seus próprios. Foi modelo de uma atitude semelhante à de Cristo, embora tivessem uma agenda familiar muito apertada. Você, _____ (marido), pregou e ensinou fielmente a Palavra de Deus para nós. Ajudou nosso povo a

crescer espiritualmente por meio seus esforços de discipulado. Você, _____ (marido), nos ajudou a liderar nossas reuniões públicas e usou sua experiência pastoral para ajudar os pastores a resolverem algumas questões difíceis. No entanto, à medida que congregávamos juntos e servíamos com vocês dois, algo estava acontecendo — vocês estavam sendo testados e treinados, diante de nossos olhos, para a obra à qual se sentem chamados. Por sua graça, Deus permitiu à nossa igreja a alegria da comunhão com vocês, durante todo esse tempo, para nos colocar numa posição de afirmar o chamado de vocês.

Os detalhes do treinamento dependem dos dons do indivíduo e do ministério para o qual ele é chamado. Um aspirante ao pastorado pode gastar mais tempo no cuidado de almas e no desenvolvimento de sua pregação, enquanto um aspirante à obra missionária pode ser mais concentrado em evangelização e desenvolvimento de líderes. O essencial é que o treinamento seja centralizado na igreja local, seja conduzido pelos pastores e seja ministério aos membros da igreja. Em última análise, isso é o que permite à igreja local, como um todo, ficar numa posição em que os membros podem afirmar os dons e o chamado de um homem.

Afirme

Depois que os pastores e líderes dedicaram tempo apropriado ao teste e ao treinamento de um irmão que busca o ministério, chega o momento em que devem decidir confirmá-lo ou não confirmá-lo. Depois de oração e discussão inteligente, se os pastores acham que um irmão demonstra evidência de chamado interior e exterior, nós o recomendamos à congregação para um tempo de avaliação formal. Visto que boa parte do teste e do treinamento foi realizada com as pessoas da igreja, elas devem ser suficientemente informadas para tomar sua própria decisão. Com frequência, teremos discussões frutíferas nas reuniões de nossos membros. E, se não forem levantadas preocupações, a igreja se reúne depois de um mês de oração para votar a afirmação do chamado.

Essa confirmação pode acontecer de várias formas. Pode ser uma confirmação para um irmão servir como pastor auxiliar em nossa igreja. Pode ser uma confirmação para ele seguir uma função de ministro em outra igreja local. Pode ser uma votação para confirmar um casal que deseja ir para um campo missionário. Pode ser a confirmação de alguém para plantar uma igreja em outra parte da cidade. Independentemente dos detalhes, a decisão de ordenar um irmão como pastor ou missionário deve envolver uma confirmação pública, que serve como um sinal de que ele terá o apoio completo de nossa igreja local.

Em seguida, apresentamos o trecho de uma confirmação pública que fiz certa vez à nossa igreja sobre uma família que desejava seguir para a obra missionária. A declaração revela o tipo de escrutínio que usamos ao avaliar aqueles que sentem um chamado interior:

> Já tive reuniões privadas com esse casal para conversarmos sobre seu casamento, sua família, seus desafios educacionais e lutas com o pecado. Os pastores já consideraram a situação deles em várias ocasiões. Tivemos várias discussões públicas sobre essa família em nossas reuniões de membros. Mas eles ainda desejam ter nossa confirmação, porque, em todas essas discussões, nós, como igreja, nos sentimos convencidos de que, embora a vereda que almejam trilhar seja árdua, essa é a obra que o Senhor tem para eles.

Essas afirmações têm o propósito de lembrar à congregação que realizamos um processo cuidadosamente planejado de identificar e treinar para chegarmos a esse ponto. Também indica que é chegado o tempo de confirmar o chamado. Apesar da estrutura de governo da igreja, toda a congregação deve chegar ao ponto da confirmação, com toda a igreja desempenhando seu papel. Esse ponto é sustentado corretamente por Martin Bucer em sua primorosa teologia pastoral escrita no início do século XVI: "É necessário ter o consenso de toda a igreja, porque os ministros devem ser não somente irrepreensíveis ao olhos do povo do Senhor, como também bastante acreditados e amados por eles".[37] Uma vez que um indivíduo tenha sido treinado, testado e confirmado pelos líderes e pela congregação, estamos prontos para fazer o que Deus nos chamou a fazer, ou seja, enviá-lo!

Envie

Enviar indivíduos a partir de nossa igreja pode ser um processo envolvente e complicado. Eles podem estar seguindo para uma função pastoral, ou para trabalhar no campo missionário, ou apenas dando um passo para buscar educação teológica. Em qualquer dos casos, estamos nos comprometendo a fazer várias coisas quando os enviamos:

- Orar regularmente por eles
- Compartilhar sabedoria e discernimento pastoral concernentes ao lugar para onde eles devem ir
- Manter contato regular com eles, quando forem para o campo missionário
- Sustentá-los financeiramente, quando necessário — em especial se um indivíduo (ou uma família) está indo para um campo missionário sem apoio financeiro de uma organização específica

---

37 Bucer, *Concerning the True Care of Souls*, 63.

♦ Assegurar-se de que, na igreja local, haja supervisão pastoral e encorajamento constante para os indivíduos que buscam educação teológica

Enviar nunca é o fim do processo; é o início de um novo compromisso da igreja local para abençoar e apoiar aqueles que foram testados, treinados e enviados.

Anos atrás, enviamos um querido casal de missionários com esse novo compromisso em mente. Como igreja, orávamos regularmente por eles. Os pastores estavam em contato regular para lhes oferecer conselho e cuidado mesmo a distância. Eu estive diretamente envolvido no cuidado deles em seu primeiro período de quatro anos no campo missionário, o que, às vezes, envolvia sessões de Skype a altas horas da noite, quando enfrentavam momentos de crise em que contavam com pouca ajuda no campo. Recentemente, eles retornaram para um ano de férias e foram calorosamente recebidos em nossa congregação. Aqueles de nós que os enviaram quatro anos antes se mostraram dispostos a cuidar deles e suprir suas necessidades de comunhão, cuidado da alma e refrigério antes de voltarem para o campo. No ano passado, nós os enviamos de volta com o mesmo compromisso de cinco anos antes, mas com uma ligação mais íntima, quando buscamos repetir o processo como a igreja que os enviou.

O processo de enviar é visto mais tangivelmente quando um culto especial de ordenação ou comissionamento é realizado para reconhecer o chamado exterior. O indivíduo já foi confirmado, e o culto se torna uma maneira formal de reconhecer que ele tem os dons e foi chamado para a obra do ministério. O culto deve conter votos repetidos tanto por aquele que está sendo enviado como pela congregação que o envia.[38] O culto deve incluir um sermão que mostra as qualificações bíblicas exigidas, a obra e o ministério daqueles que são chamados a realizá-lo ou a responsabilidade da igreja local em confirmar os chamados. O conteúdo do culto pode variar, oferecendo instrução, incentivo e desafio tanto ao indivíduo como à congregação.

A parte mais importante do culto é a imposição de mãos pelos pastores e líderes da igreja. Quando colocam suas mãos sobre os chamados, os pastores oram por eles e pelo ministério para o qual são chamados — seguindo o modelo da igreja em Antioquia (At 13.3). O ato de impor as mãos e orar não é uma transferência mística que, de algum modo, muda o indivíduo. Apenas marca, de maneira visível, a conclusão do processo de teste, treinamento e confirmação pelos pastores e membros da congregação. Também mostra que a autoridade de Cristo dada à sua igreja está sendo estendida

---

38 Quanto a um exemplo proveitoso, ver Mark Dever e Paul Alexander, *The Deliberate Church: Building Your Ministry on the Gospel* (Wheaton, IL: Crossway, 2005), 158-59.

àquele indivíduo. Basil Manley Jr., um dos fundadores do Southern Baptist Theological Seminary, enfatizou a responsabilidade da igreja local em identificar aqueles que se qualificam como ministros do evangelho e como a imposição de mão simboliza essa autoridade: "Em referência a essas qualificações, as igrejas são usualmente melhores juízes do que o próprio indivíduo e devem exercer seu julgamento com prudência e fidelidade, sob um senso solene de sua responsabilidade, e não impor negligentemente as mãos sobre indivíduos que não podem ensinar e não querem aprender".[39]

Eis uma afirmação que tenho usado para explicar a imposição de mãos à nossa congregação, durante um culto de comissionamento:

> Em alguns momentos, faremos o que a igreja em Antioquia fez, conforme relatado em Atos 13.3. Colocaremos as mãos sobre cada um de vocês e oraremos, selando nossa afirmação de vocês para que sigam essas oportunidades de ministério pela graça de Deus.

Embora a imposição das mãos não seja um evento sobrenatural em que os indivíduos pelos quais oramos estão agora, de alguma maneira, mais preparados para a tarefa que têm diante de si, trata-se de um evento

---

39 Haykin, Duke e Fuller, *Soldiers of Christ*, 174.

significativo. Quando pastores e líderes colocam as mãos sobre os indivíduos, devem orar por estas coisas:

- frutos ao ministrarem o evangelho
- fidelidade ao proclamarem a Palavra de Deus
- proteção contra Satanás, para eles e seus familiares
- o desenvolvimento de zelo e paixão crescentes pela obra para a qual foram chamados
- a presença de Cristo neles pelo Espírito Santo
- pureza e ódio ao pecado
- capacidade de serem fiéis em amar a esposa tal como Cristo amou a igreja
- fidelidade ao pastorearem as ovelhas de Deus
- o avanço contínuo do reino de Deus

Tudo isso é significativo porque Deus responderá a essas orações. Ele dará poder aos que buscam sua ajuda. À semelhança da igreja em Antioquia, nós cremos, pela fé, que, ao enviarmos os indivíduos, o Espírito também os envia (At 13.3-4).

CONCLUSÃO

Permita-me acrescentar um apelo final para que essa prioridade encontre lugar no ministério de cada pastor. Essa prioridade envolve um pastor reconhecer outro pastor. Quando você procura homens com o dom de servir no ministério pastoral, tente colocar de lado, por um instante, a aparente imaturidade de uma pessoa e discernir quem pode ter um dom especial dado por Deus para ensinar sua Palavra e cuidar de seu povo. Ainda que você não tenha um processo formal para identificar e treinar, pode começar levando cada indivíduo consigo ao hospital. Permita que eles o acompanhem em suas visitas a pessoas internadas. Quando você achar que é tempo, permita que liderem uma classe de Escola Dominical ou um estudo bíblico em pequenos grupos em que você possa observá-los. Comece ensinando sua congregação sobre a responsabilidade de identificar e treinar candidatos ao ministério e à liderança da igreja.

O processo começa com os pastores. Se os pastores não aceitam esse papel e não fazem disso uma prioridade, quem o fará? Se os pastores não procuram identificar e treinar esses líderes, quem o fará? Se os pastores não criam na igreja uma cultura de abraçar essa responsabilidade bíblica, quem o fará? Embora seja amplamente ignorada na vida de um pastor ocupado, essa tarefa tem de ser assumida se os líderes da geração seguinte devem ser capacitados a liderar como Cristo chama e as Escrituras prescrevem.

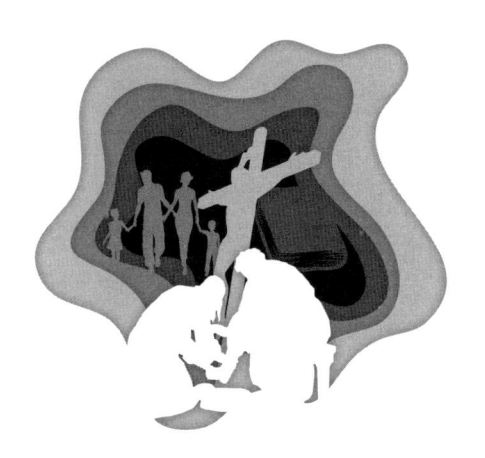

CONCLUSÃO

> "Atendei por vós e por todo o rebanho sobre o qual o Espírito Santo vos constituiu bispos (...)."
>
> Atos 20.28

Pastores são pessoas ocupadas, e as exigências do ministério são enormes. Neste livro, tentei resumir os aspectos essenciais do ministério de um pastor, bem como sua importância. Ofereci maneiras práticas de começar a se engajar neles. Este livro não tem o propósito de ser um guia exaustivo sobre cada aspecto do ministério. Mas espero realmente que tenha oferecido uma visão tão perspicaz que você acabe tendo um entendimento bíblico e equilibrado de seu ministério pastoral como um pastor que serve em submissão ao Supremo Pastor.

Há um fator importante que determinará nossa fidelidade em realizar essas tarefas. A verdade é que você pode ser o líder mais dotado e mais amado, porém, se falhar nessa área, seus dons não o ajudarão. Como pastor, você precisa ter foco duplo, que é muito bem resumido por Paulo em suas palavras de despedida aos pastores em Éfeso:

> Agora, eu sei que todos vós, em cujo meio passei pregando o reino, não vereis mais o meu rosto. Portanto, eu vos protesto, no dia de hoje, que estou limpo do sangue de todos; porque jamais deixei de vos anunciar todo o desígnio de Deus. *Atendei por vós e por todo o rebanho sobre o qual o Espírito Santo vos constituiu bispos*, para pastoreardes a igreja de Deus, a qual ele comprou com o seu próprio sangue. Eu sei que, depois da minha partida, entre vós penetrarão lobos vorazes, que não pouparão o rebanho. E que, dentre vós mesmos, se levantarão homens falando coisas pervertidas para arrastar os discípulos atrás deles. Portanto, vigiai, lembrando-vos de que, por três anos, noite e dia, não cessei de admoestar, com lágrimas, a cada um.
>
> Atos 20.25-31, itálico acrescentado

Antes, discutimos a importância da segunda parte do encargo que Paulo dá em Atos 20.28: "Atendei por... *todo o rebanho*" (itálico acrescentado). Minha admoestação final é a primeira parte do encargo: "Atendei *por vós"* (itálico acrescentado). Paulo escreveu palavras semelhantes a Timóteo, seu jovem discípulo: "Tem cuidado de ti mesmo e da doutrina. Continua nestes deveres; porque, fazendo assim, salvarás tanto a ti mesmo como aos teus ouvintes" (1Tm 4.16). A maneira de Timóteo salvar a si mesmo e a seus ouvintes é perseverar na *vida* e na *doutrina*.

Muitos pastores — até mesmo aqueles que afirmam e priorizam a responsabilidade exposta neste livro — gastam muito tempo, energia e dedicação em cuidar de seu rebanho. Mas fazem isso em detrimento de sua própria alma. Pastores não são invencíveis, embora muitos se comportem como se fossem. O fracasso em cuidar de sua própria vida não é um questão secundária; é algo totalmente essencial. O fracasso nessa área levará a esgotamento, desânimo, exaustão e grande lutas com o pecado. E a negligência adicional pode conduzir a decisões que arruínam seu ministério, seu casamento e sua vida. Muitos pastores têm-se desqualificado para o ministério porque falharam em cuidar de seu próprio coração. Falharam em pregar para si mesmos e negligenciaram seu próprio relacionamento com o Senhor.

A área mais importante da qual um pastor deve cuidar é seu relacionamento com Deus, sua necessidade de cultivar um andar profundo, genuíno, transparente e sincero com Jesus, diariamente. Antes de tudo, pastores são indivíduos que foram transformados pelo evangelho de Jesus. Precisam de graça. Precisam de perdão. Precisam de paz em sua alma.

Esse investimento de tempo não é algo que um pastor faz apenas para ter um ministério melhor, embora provavelmente o torne um homem, um marido, um pai e um pastor melhor de seu rebanho. Mas todo pastor precisa andar zelosamente com Jesus todos os dias. E essa é um dádiva admirável e preciosa do Pai celestial.

Como pastor, você tem a honra e a alegria profunda de andar com Jesus, receber sua graça imensurável, batalhar contra seu pecado no poder que Deus provê e apelar fervorosamente ao Pai em oração. Seja honesto com Deus quanto ao seu próprio pecado e quebrantamento, leia a Palavra de Deus com o propósito único de alimentar sua alma, e não simplesmente para ter uma mensagem para compartilhar com os outros. Creia nas promessas da Palavra de Deus. Elas não são verdadeiras apenas para seu povo; são a Palavra de Deus para você.

Considere várias outras ações práticas que serão ótimas para sua alma:

- *Tenha o cuidado de comer de forma saudável, dormir o suficiente e dedicar-se à prática regular de exercícios.* Essas são três das áreas mais comumente negligenciadas entre os pastores. E podem ter um impacto profundamente negativo na disposição e na energia de um pastor.

- *Tenha o cuidado de manter amizades autênticas.* Um pastor precisa de amigos, tanto dentro como fora de sua igreja, relacionamentos nos quais ele possa ser honesto, transparente e corajoso em compartilhar as lutas que enfrenta.
- *Tenha o cuidado de gozar os grandes períodos de descanso.* Goze todo o seu período de férias — não uma parte dele, mas *todo o período*. Não estou brincando. Isso será um benefício genuíno para você, sua família e até sua igreja.
- *Tenha o cuidado de reservar momentos de silêncio e solidão.* Um antídoto proveitoso para a sobrecarga é parar, sentar-se num lugar quieto, ficar em silêncio e inspirar profundamente para acalmar seu espírito. Não subestime o benefício diário dessa disciplina.
- *Cuide da família.* A negligência de um pastor em relação à sua família não resulta da sobrecarga, mas, sim, de uma acusação de seu coração. Cuidar da família é uma disciplina e algo que precisamos realizar diligentemente, se esperamos continuar nessa obra (1Tm 3.4-5).

Pastores que levam a sério a exortação de Paulo para cuidar de si mesmos serão, por sua vez, mais fiéis e mais capacitados para cuidar do rebanho. Considere estas palavras de Charles Bridges, extraídas de sua obra clássica, *The Christian* Ministry [O ministério cristão]:

> Portanto, os obstáculos mais eficazes à nossa obra são aqueles que impedem nossa comunhão pessoal com o Senhor. Quando o grande inimigo intercepta com sucesso nossos suprimentos espirituais, a obra de Deus em nosso coração e, conectada a ela, a obra de Deus em nossas mãos definham pela falta de seu apoio habitual e necessário. Temos grande necessidade de vigiar, para que a atividade pública não seja considerada uma expiação pela negligência da comunhão íntima com Deus, e, assim, nossa profissão se torne uma armadilha para nós mesmos e destituída de todo sabor espiritual para nosso rebanho.[40]

Irmãos, sejamos pastores que fazem mais do que apenas cuidar fielmente do rebanho. Sejamos também seguidores sinceros e fervorosos do Supremo Pastor. Vamos amá-lo muito e, antes de tudo, ter comunhão com ele. Olhemos para ele em todos os nossos fracassos, pecado e quebrantamento. Quando Cristo se manifestar para seu povo redimido, em todo o seu poder, ficaremos cheios de grande alegria, porque recebermos "a imarcescível coroa da glória" (1Pe 5.4). Que este dia chegue logo! Até que ele chegue, labutemos fielmente no poder que Deus nos dá, atentando a todas as responsabilidades bíblicas de um pastor do rebanho de Deus.

---

40 Charles Bridges, *The Christian Ministry, with an Inquiry into the Causes of Its Inefficiency* (1830; repr., Edinburgh: Banner of Truth, 1967), 150.

AGRADECIMENTOS

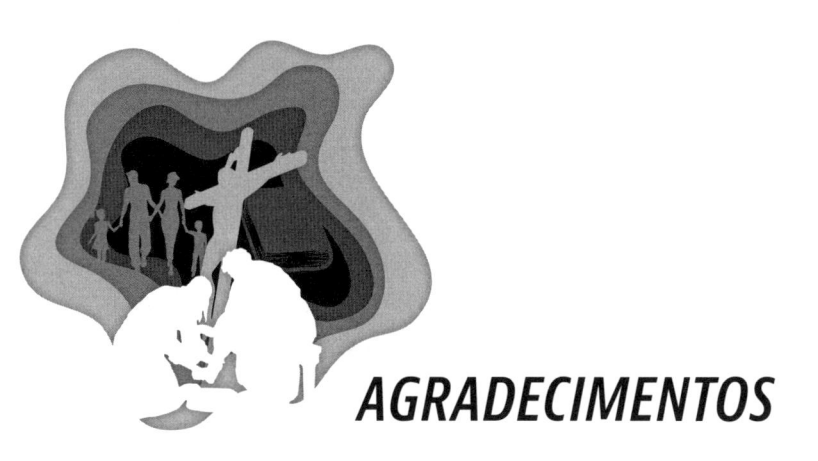

Brian gostaria de agradecer:

À Zondervan, por sua parceria e seu investimento constantes nesses recursos práticos para pastores.

A H. B. Charles Jr., por sua amizade e contribuição valiosa para este livro.

Àqueles que leram os manuscritos deste livro e ofereceram opiniões valiosas, especialmente os pastores. Sou grato a todos que ajudaram a produzir este livro, a fim de que seja um auxílio para aqueles que labutam no ministério pastoral.

A todos os pastores mais velhos e sábios que me permitiram sentar a seus pés e aprender. Este livro é uma compilação de sua influência e de seu investimento permanente em mim.

À Auburndale Baptist Church, pela grande honra de me permitir ser seu pastor. Este livro não existiria sem a dádiva da comunhão com vocês e sem a disposição de compartilhar a vida comigo.

À minha esposa e aos meus filhos, pelos muitos sacrifícios que fazem para que eu continue meu ministério, pela graça que oferecem quando falho em cuidar de vocês como deveria e pela grande alegria que vocês são, à medida que vamos caminhando juntos por esta vida singular.

Ao Supremo Pastor e meu redentor, Jesus. Apesar do que acontece no ministério pastoral, eu sempre o tenho. Isso é suficiente.

FIEL MINISTÉRIO

O Ministério Fiel visa apoiar a igreja de Deus de fala portuguesa, fornecendo conteúdo bíblico, como literatura, conferências, cursos teológicos e recursos digitais.

Por meio do ministério Apoie um Pastor (MAP), a Fiel auxilia na capacitação de pastores e líderes com recursos, treinamento e acompanhamento que possibilitam o aprofundamento teológico e o desenvolvimento ministerial prático.

Acesse e encontre em nosso site nossas ações ministeriais, centenas de recursos gratuitos como vídeos de pregações e conferências, e-books, audiolivros e artigos.

Visite nosso site

www.ministeriofiel.com.br

Esta obra foi composta em AJenson Pro Regular 13, e impressa na
Promove Artes Gráficas sobre o papel Apergaminhado 70g/m²,
para Editora Fiel, em Julho de 2024.